新时代职业教育
高质量发展的理论与实践

韩　珍　著

北方妇女儿童出版社
·长春·

图书在版编目（CIP）数据

新时代职业教育高质量发展的理论与实践 / 韩珍著
. -- 长春 : 北方妇女儿童出版社, 2021.12
ISBN 978-7-5585-6325-6

Ⅰ. ①新… Ⅱ. ①韩… Ⅲ. ①职业教育－发展－研究
－中国 Ⅳ. ①G719.2

中国版本图书馆 CIP 数据核字（2021）第 274110 号

新时代职业教育高质量发展的理论与实践
XIN SHIDAI ZHIYE JIAOYU GAO ZHILIANG FAZHAN DE LILUN YU SHIJIAN

出 版 人　师晓晖
责任编辑　于德北
装帧设计　王一然
封面绘画　秦　风
开　　本　787mm×1092mm　　1/16
印　　张　10
字　　数　212 千字
版　　次　2021 年 12 月第 1 版
印　　次　2021 年 12 月第 1 次印刷
印　　刷　北京宝莲鸿图科技有限公司
出　　版　北方妇女儿童出版社
发　　行　北方妇女儿童出版社
地　　址　长春市福祉大路 5788 号
电　　话　总编办：0431-81629600
定　　价　56.00 元

前　言

为了有效促进我国经济高质量发展，解决企业缺乏中高级技术工人和应用型技术技能人才的问题，教育部颁布了《国家中长期教育改革和发展规划纲要（2010—2020年）》，目标是到2020年建成具有“中国特色、世界水准”的多层互通、多级分流、自由转轨的现代职业教育体系，使之成为实现和平崛起的国之利器。因此，当前摆在我们面前的重要任务就是如何借鉴国外职业教育发展的成功经验，进一步增强我国现代职业教育体系的实力和影响力。

充分发挥行业作为密切企业和产业的纽带作用，根据产业发展趋势，建立行业和产业的人才需求预测、开发及动态调整机制。加强与教育、就业等部门的合作，根据不同职业类型要求，共同制订统一的，符合企业需求和未来发展需要的各种职业资格标准、录用标准、考核标准和考核方法。积极促进“1+X”证书制度改革，行业要努力成为“X”证书的培训评价组织，在借鉴国际标准的基础上，依据国家有关职业标准，积极开发具有前沿技术、最新工艺和时代要求的技能等级标准。同时技能标准的考核内容要充分反映典型岗位所需的职业素养、专业知识和职业技能，做到企业需求与学生发展有机统一。

企业与职业院校共同对专业设置、课程安排、技能考核以及招生就业等进行先期论证和研讨，规划和协调建设校内外实训基地，共建产品设计中心、研发中心和技术服务平台，协同有关部门实施职业资格认证和就业准入等。企业积极参与对职业教育的专业评估和教学质量检查评估，为职业院校把脉专业发展趋势。职业院校要以国家级示范职业院校重点专业和特色专业为引领，与行业协会、领军企业、知名科研机构等一起组建跨行业、大规模、多功能的综合型职业教育集团、校企合作联盟，发挥集团和联盟资源的整合优化作用，增强专业建设实力，扩大专业品牌声誉，提高人才培养质量，为企业输送更多的人才和建设者。

前言

目　录

第一章　新时代职业教育高质量发展的理论研究

第一节　现代职业教育理论体系

近年来，构建具有中国特色的现代职业教育理论体系成为理论界普遍关注的焦点问题，并逐步成为教育理论研究的“显学”。但是传统的理论体系构建多是基于学科论的思维方式，导致理论界对许多职业教育的基本理论或研究范畴无法达成共识，影响了现代职业教育理论体系的科学建构。因而，将职业教育作为一个领域，基于跨学科的视野重构现代职业教育理论体系既是职业教育跨界性典型特征的内在诉求，也为现代职业教育理论体系的科学构建提供了新的逻辑起点。

理论是人们基于对事物和社会各方面知识认知、理解及论述抽象而来的概念集合。而理论体系则是某一方面理论知识的整合，用来解释一种现象或一系列现象的集合，它蕴含着一门学科的概念和联结这些概念的判断，并注重揭示其内在性联系和深层次规律，是用以说明事物本质的层次分明、结构严密和系统抽象的逻辑体系。众所周知，在科学研究领域建构一个科学、公认和权威的理论体系一直是一个学科走向成熟的重要标志。近年来，随着对职业教育实践的重视和职业教育理论成果的兴旺，构建具有中国特色的现代职业教育理论体系成为学界普遍关注的焦点问题，并逐步成为教育理论研究的“显学”。但是，由于对理论建构认识论、方法论和本体论等方面的局限，我国现代职业教育理论仍然比较混乱，体系构建还未成熟。因而，对职业教育概念、范畴和逻辑进行本质回归，为现代职业教育理论体系构建奠定了理论基石。

一、“学科论”视野下的现代职业教育理论体系构建：狭义与批判

华勒斯坦认为，“称一门学科为学科，即有严格和具有认受性的蕴意”。无论是自然科学领域还是人文社科领域，其理论工作者普遍具有明显的“学科中心”情结，都喜好构建完善的“学科理论体系”，也一直将“学科存在的合法性”作为自己从事某一领域理论研

究存在的重要标志，职业教育也不例外。1980年职业教育学科规划组的成立标志着我国开始将职业教育作为一个独立的学科，并将其研究工作纳入国家教育科学研究规划。经过30多年的发展，我国职业教育学科建设取得了令人瞩目的成就，但也在不遗余力地构建学科理论体系过程中产生了如下问题：

（一）囿于“学科中心”视角，陷入“营造体系”的困境

在传统的“学科中心”职业教育理论构建中，学科论基本上被视为职业教育理论体系构建的唯一理论基础。对职业教育理论体系的研究，也是出于职业教育“学”的逻辑不断地进行理论体系建构的过程。通过深入分析，我们发现这种“理论体系情结”背后隐藏着两个基本的假设：第一，职业教育是一门统筹相关问题的独立学科；第二，理论体系是职业教育学科成熟的重要标志。这种基于“学科中心”的理论构建范式，通过观测职业教育学科的事实视域与发展趋势，应答了“职业教育学的本质”“职业教育的学科起点”“职业教育的学科形象”及“职业教育的学科走向”等基本问题。在学科创立之初，对这些问题的探讨有利于解决学科的合法性，进而验证学者的合法性身份。但随着现代职业教育的发展，职业教育与社会各领域的关系更为密切和复杂，这种传统的以学科论的思维方式来构建现代职业教育理论体系，产生了一系列有悖于职业教育基本规律，甚至与职业教育理论常识相左的概念或观点，导致理论界对于许多职业教育的基本理论或研究范畴无法达成共识，进而影响了现代职业教育理论体系的科学建构。这种现象的长期存在和蔓延，导致一代又一代的研究者在重复构建虚无缥缈的“学科大厦”，却鲜有思考这种没有根基的理论大厦是多么的空虚无力。以致越来越多的学者认为，沉浸于“营造体系”而不可自拔是一种虚妄和执念，并呼吁职业教育学必须摈弃偏执，回到最真切的教育实践和最鲜活的现实问题中进行理论探索。

（二）偏向基本理论问题的追问，忽视了现实问题的关照

理论是一种能够较准确反映事物本质的规定性和内在普遍联系的高度抽象的符号体系。因而，职业教育理论在职业教育学科体系中居于基础地位，它的建立有赖于对职业教育基本问题及其逻辑关系的探索、揭示和解读。通常我们可以从理论层面和实践层面对职业教育基本问题进行解析，即职业教育理论体系方面的基本问题和职业教育形成和发展过程中实际存在的基本问题。前者研究了涉及职业教育领域概念内涵、本质属性及功能价值等一系列的基本理论问题，它们是对职业教育是什么问题的事实描述和规范论证，也是构建现代职业教育理论体系需要重点研究的基础问题。不可否认，提出并研究职业教育基本问题有利于职业教育研究地位的确立、本质认识的加深、学科视野的拓展及理论体系的完善，在一定程度上是职业教育学科走向丰富、走向完善、走向成熟的重要前提。但时至今日，大量的理论工作者却不自觉地偏向于基本理论问题的探讨，而忽视了对现实问题的关照，以致职业教育研究始终无法跟上亿万人参与的丰富多彩的职业教育实践，理论也因普遍缺失现实的有力支持而干瘪贫瘠。

（三）职业教育“理论丛林”的出现，造成理论研究的虚假繁荣

进入 21 世纪，职业教育与经济社会发展的关系日益密切，其价值和功能也伴随着职业教育内涵和规模的不断拓展而延伸，这不仅引起了职业教育理论研究者的普遍重视，也吸引了社会学家、经济学家、法学家和心理学家等其他领域众多研究者加入职业教育研究的队伍。由于各自不同的学科背景，研究者视角的丰富和方法的多元使得各种职业教育理论和著作纷至沓来，呈现出一片充满生机又繁荣兴盛的学术景象。但林林总总的理论学派和学者背后隐藏的是各种盘根错节的理论混乱和观点分歧，这给我们认识职业教育带来了新的困扰。一是职业教育理论语义上的混乱。如果核心概念没有形成统一认识，那么学术界诸多空洞、抽象的议论和无休止的争论便不可避免，职业教育研究的规范性和科学性也将难以保证。二是职业教育研究对象不够集中。一方面当前对职业教育的定义和所涵盖的范围尚未取得一致意见，另一方面职业教育与其他学科的边界也日益模糊。这不仅泛化了职业教育学的研究对象，而且由于尚未形成统一的认识在一定程度上也影响了研究对象的客观性和独立性。三是职业教育研究论域的混乱。事物是普遍性和特殊性的统一体，其本质具有多层次性，但在教育本质的探讨中这些问题常常被有意无意地忽略，以致理论界对职业教育的一些基本问题长期争论不休。因此，我们要科学构建现代职业教育理论体系，就必须对职业教育相关概念、主要对象和论域范畴有一个严格的限定，既体现现代职业教育理论体系的独立性，又彰显与其他众多学科理论的交叉性。

二、“领域论”视野下的现代职业教育理论体系构建：起点与省思

理论界一直认为并且深信不疑学科论是职业教育理论体系建构的唯一合法基础。但职业教育理论研究的丰富和实践的深入打破了习以为常的认知，我们越发感觉职业教育作为一个独立的体系，有着与教育学不同的知识逻辑，与经济学、管理学、文化学等众多社会学科有着千丝万缕的关系。换言之，职业教育注定将作为一种研究领域而非一个独立的学科，如果仅以学科建制的思维去构建现代职业教育理论体系，不仅很容易陷入程序工具主义的窠臼，产生一系列有悖于职业教育基本规律的观点和结论，也无法为问题提供合理的解释，只能自圆其说地解决当前职业教育发展的症结。

（一）“领域论”视野下国外职业教育理论研究的范式

“范式”一词最早见于美国科学哲学家托马斯·库恩所著的《科学革命的结构》一书。他认为，范式是一种共同的学科信念，它规定了某一学科的基本观点、理论和方法，并架构了当前学科发展的理论模型和共同框架，也决定了该学科的共同传统及发展方向。自此以后，范式便逐渐泛化到其他社会科学，并在教育研究领域得到普遍使用。

客观地说，当学科论成为现代职业教育理论体系构建的范式，将很有可能陷入“为理论而理论”纯粹空泛而又思辨的逻辑困境。而所谓领域，是指从事一种专门活动所涉及的

范围。从这个逻辑出发，“领域论”逻辑下的职业教育从范畴上涉及职业教育相关的一切问题，要求研究者将繁杂、混乱和开放的职业教育问题集结成一个问题群，并从空间和时间交织的维度将问题群独立出来，进而构成一个完整的问题域。纵观国外职业教育研究，都是将职业教育看作一个领域，并聚集了不同知识结构和学术背景的研究者一起进行跨学科探讨，其中不乏大量从事政治学、公共管理学、经济学、人力资源、法律等学科的研究者。通过对职业教育研究成果的梳理和分析，不难发现其对职业教育的研究并非停留在对职业教育现象及其问题的客观描述与成因分析上，还包括对政府、社会组织以及个人对职业教育问题的各种回应。一位从事职业教育研究的外国学者曾提到，与其说职业教育是一个学科，不如说它是一个领域。虽然这是对传统学科论的颠覆性判断，但在当下的研究背景下显然是正确且非常有见地。以美国加州大学洛杉矶分校（UCLA）的劳工与就业研究所为例，该研究所汇集了德国、智利、墨西哥、丹麦等国家的访问学者，学者们的学科背景更是五花八门，涉及社会学、劳动经济学、政治学、语言学、城市规划学等。毫无疑问，虽然各国访问学者的学科背景不尽相同，但这并未成为他们研究的障碍，反而围绕“劳工”这一主题辐射出不同的研究视角，为共同解决劳工问题提供了多学科的分析框架。如有的从劳动经济学角度探讨产业升级与劳动力变迁的相互关系，有的从政治学角度探讨移民对国际工会联盟的影响，有的从语言学角度探讨移民对当地社区文化交融的影响等等。如此一来，假设我们还故步自封地以某一学科去界定各自的研究领域则略显稚嫩，因为职业教育研究的领域已联结成一张纵横交错的“问题网”，表面看似千差万别却内在隐含了紧密关联的逻辑关系。这独具启发性和创造性的认识，寓意着职业教育实践中历久弥新尚未解决的那些重大问题越加应该进行跨学科的综合研究，固守在职业教育自身狭隘学科内的做法，显然是不合时宜的。

（二）“领域论”视野下国内职业教育理论研究的诉求

回到国内，职业教育学之所以作为一门独立学科，其根本在于独立研究对象的确定，即职业教育现象及其规律。然而，其他学科不但没有忽视对职业教育现象的关注，反而以其特有的学科逻辑和研究范式“步步紧逼”职业教育的现实问题。首先，经济社会发展新环境下职业教育面临新的机遇与挑战。这意味着我们必须将职业教育置于一个全新的认识中，所构建的现代职业教育理论体系也必须是揭示职业教育内在联系和深层次运动规律并具有广泛实际应用和指导作用的抽象体系。其次，传统学科建制范式下职业教育理论研究的局限。正如米歇尔·福柯说的那样，“学科构成了话语生产的一个控制体系，它通过同一性的作用来设置其边界，而在这种同一性中，规则被永久性地恢复了活动”。传统的以学科逻辑建制的职业教育，其所可能独享的研究内容实际上只有学与教的理论，但这远远不够，因为职业教育研究所运用的解释方法并非教育学所独有，在很多情况下都迫切需要向其他学科汲取营养。如校企合作，这似乎是一个职业教育领域最普通最常见的话题，讨论二十余载却成为至今都无解的话题，其中一个最重要的原因就是研究者囿于职业教育的视野和话语体系而未能从更广阔的研究领域加以突破。再次，跨学科视野下职业教育研究的突破。职业教育的研究确实不能仅仅依附于其他的研究传统，因而基于职业教育跨界的本质属性和不同研究传统的学科贡献，尝试运用独特性与跨学科相融合的研究范式，建立职业教育独立和独创的研究领域未尝不是现代职业教育理论体系科学构建的有效方法。不难觉察，理论界已开始普遍意识到职业教育与教育学、社会学、经济学等其他众多社会学科在研究问题、方法和结果上的共性，也不再固执地将学科论作为现代职业教育理论体系构建的唯一基础，继而逐步将认识的焦点由学科向领域逐步过渡。最后，职业教育的问题具有多维性，也不是某一门或者某几门学科观点就能适用并解决的，只有聚合多学科视角，综合运用演绎与归纳的方法，才能获得对问题较完整、全面和深刻的认识，这对于拓展职业教育研究领域和深化职业教育研究内容具有重要的理论价值。可见，从研究内容、研究背景及研究趋势来看，教育学之内诸学科的划分根据已经变得多维而交叉，职业教育研究的边界也随着跨学科的渗透越来越模糊，假以时日，我们希望可以看到一个跨学科视野下职业教育研究的宏伟图景。

三、跨学科视野下的现代职业教育理论体系构建：思考与路径

理论体系的建构需要有系统论的观点和多学科的视角，而且理论界也普遍感到“领域论”视野下职业教育诸多部分已经与其他学科的某些部分朝着更具综合性、广泛性和开放性的社会科学的方向汇合。因而，将职业教育作为一个领域，利用跨学科思维的研究方法，探讨职业教育与社会系统环境特别是经济环境发生联系时产生的问题，并尝试运用系统化的方法把已经获得的各种理论知识进行认识论、方法论和本体论的反思，有利于为跨学科视野下的现代职业教育理论体系构建提供现实思考。

（一）以“跨界特征”为理论体系构建逻辑起点的认识论反思

认识论是职业教育理论体系构建的基石，如何从认识论角度审视职业教育将直接关系现代职业教育理论体系的科学建构。长期以来，学科论逻辑一直被视为职业教育理论体系构建的认识论基础。但是，随着职业教育自身的不断发展，与经济社会发展的关系日趋紧密，在解决实践问题中与众多学科的交叉和关联越发紧密，以至于许多学者开始对这种认识论进行反思，呼吁回归到职业教育的本质属性重新审视现代职业教育理论体系构建逻辑。事实上，职业教育的本质属性既蕴含着职业教育发展的逻辑起点，也是贯穿职业教育理论研究的生命主线。作为一种重要的人类社会活动，职业教育在受人类及社会发展双重制约的同时，又在与人类社会活动的互动中努力实现自身的价值。美国近代教育家杜威曾说过，职业是个人和社会有机联系的重要桥梁，有利于人们在为他人提供服务的同时满足个人所需要的种种期待。因此，职业教育是把人力优势转化为智力优势、把智力优势转化为生产力的重要桥梁。同时，职业教育还是教育与职业之间沟通的渠道。由此表明，职业教育是联结自然人和社会人的关键纽带，在职业教育和人类社会间担负着重要的中介角色，它跨

越了知识和技能的学理边界、学习和工作的物理边界、教育与职业的事理边界。换言之，跨界性是职业教育的本质属性，它深层次地触及了职业教育发展的特色问题与类型特征。跨界的职业教育需要职业教育研究的跨界，这就要求现代职业教育理论体系的构建不能只遵从职业教育、个人认知及职业生涯等发展规律，还要跳出教育的内在逻辑，转换定界的研究思路，突破原有的研究范畴，以跨学科的视野重新审视现代职业教育理论体系构建的认识论起点。

（二）以“问题导向”为理论体系构建发展方向的方法论转型

科学的研究方法论是现代职业教育理论体系确定的根本前提和方向指导。所谓研究方法论，是指研究者的基本立场、研究角度和相应的一整套概念与假定，是研究者用以观察和研究世界的视野和参照框架，是观察世界的思想之窗。其实，经典学科理论体系最常见的构建方法便是从抽象到具体，而且在职业教育理论体系构建初期，依据学科内在规律构建严密的逻辑体系对于职业教育理论体系的建立具有相当大的裨益。我们称之为自上而下的“内生式”范式，但这种学科规训的方法很容易将理论体系建设当作职业教育学科建设的全部，而忽略了之所以构建理论体系的初衷——指导和解决职业教育发展的现实问题。久而久之，这种缺乏“问题导向”的“坐而论道”将成为职业教育学科发展和创新的最大阻碍。潘懋元先生在论及高等教育理论体系时曾明确反对这种纯粹的理性思考与逻辑推理的范式，反对理论脱离实际、内容贫乏、理论空泛和纯理论研究的教条主义，要求在实践中发展有中国特色的、反映中国国情的高等教育理论。这种批评同样适用于现代职业教育理论体系的构建。在此，我们提出现代职业教育理论体系构建的第二种思路，称其为一种自下而上的“外孵式”范式，即以“问题导向”来构建现代职业教育理论体系。这种思路注重事实描述，它认为理论体系的贡献在于增强学科知识的解题性，其研究的生命价值和最终指向也都是为了解决错综复杂的现实症结。正如哈贝马斯所言，任何理论本身都内隐着实用旨趣。实践也无数次证明，面向具体问题的研究是职业教育理论体系保持活力的不竭源泉。因而，现代职业教育理论体系的构建应当摆脱依靠纯粹逻辑推演的思维方式，转而聚焦职业教育的实践问题，并基于跨学科视野进行理论层面的抽象和概括，从而为现代职业教育理论体系大厦的搭建奠定正确的方法论基础。

（三）以“概念、范畴、逻辑”为理论体系构建基本框架的本体论思考

本体论是哲学范畴对本源问题的思考，也只有上升到本体论的研究层次，现代职业教育理论体系的构建才能摆脱具体经验的局限和具体科学的视差，真正彰显其哲学的本色。因而本节尝试从跨学科视角重新审视现代职业教育理论体系构建的基本要素：概念、范畴和逻辑。首先，概念。概念是反映事物一般特征与基本内涵的特殊属性。为适应学科发展规律的需要，职业教育应建立一套自己独立的专门概念和命题建构起来的话语方式和体系。一方面，职业教育要有自己独立的学科概念，并用符合学科属性的特定术语进行表达；另一方面职业教育概念的研究应考察其实践的适用性，并在相关概念统一认可的基础上规范

研究术语。其次，范畴。所谓范畴，不仅指客观事物本质属性的分类或类别，还涵盖各类别之间的相互关系。从跨学科视角来看，职业教育不仅与各个知识领域相互交叉联结，而且也正是承蒙各个学科领域的知识滋养才逐步发展壮大的。因而，明确学科范畴并跨越学科范畴是现代职业教育理论体系构建的关键所在。最后，逻辑。现代职业教育理论体系的逻辑在本质上是现代职业教育历史逻辑的一种反映。推而论之，新的概念体系和范畴体系的确立要求职业教育确立自己的逻辑体系作为回应，它包括现代职业教育的目标逻辑、课程逻辑、教学逻辑和评价逻辑等多个方面。因而，我们应秉持开放的发展理念，以概念、范畴和逻辑为基本框架，力图通过跨学科的研究方式构建职业教育“复数学科”，旨在加快推进现代职业教育理论体系的建设进程。

需要注意的是，“领域”和“学科”并无高低之分，只是在知识“分化”和“整合”的进程中，各自在不同的层面上建构相应的范式而已。强调职业教育作为一个“领域”而非“学科”的理论体系构建，表面看似乎众多学科的加入淡化了职业教育自身的学科属性，但事实却与此相反，多学科的审视不仅没有象征职业教育学科的终结，还为职业教育理论孵化和创新提供了新的增长点，为丰富和深化现代职业教育理论体系提供了现实可能和发展空间。

第二节　20 世纪美国职业教育理论

美国职业教育的发展历史可以分为三个阶段：第一阶段是从 20 世纪初到 20 世纪 80 年代，职业教育针对特殊的弱势群体，培养学生具体的工作技能；第二阶段是从 20 世纪 80 年代至 20 世纪末，职业教育面向所有的学生，培养学生特定的工作技能；第三阶段是从 21 世纪初至今，职业教育呈现出与普通教育相融合的趋势，越来越具有灵活性。

一、培养具体工作技能的职业教育：20 世纪初至 20 世纪 80 年代

美国正式的学校职业教育始于 20 世纪初期，并在其后获得了较快发展，其影响因素有如下五个方面。

第一，当时的学校教育不能满足为年轻人参加工作做准备的需要。米勒（Miller）认为，20 世纪初期，美国大部分年轻人需要为职业、工作做准备，而公立中学仍然恪守传统文法中学注重自由教育（Liberal Education）的做法，不能满足学生的需要，对学生缺乏吸引力。由于看不到学校教育对未来工作的价值，很多年轻人在几乎没有任何工作技能的情况下离开学校参加了工作。据统计，在所有 17 岁青年中，只有不到 10% 的人持有高中毕业证。

第二，推进教育民主的需要。职业教育国家资助委员会（Commission on National Aidto Vocational Education）指出，20 世纪初期，美国的学校没有为大部分学生提供平等的机会。

虽然学校对所有孩子开放，但学校教育的目标是为少数准备进入大学的学生服务的，而忽视了大多数要就业学生的需要，导致他们不能利用公共经费资助的学校教育为自己的职业生涯做准备，这对他们是不公平的。因此，一些支持者呼吁在公立学校中进行职业教育，相信职业教育能够使中学毕业就离开学校的孩子受益，扩大适龄儿童接受教育的范围，从而使学校教育更加民主。

第三，职业教育本身具有的优势。职业教育延长了大多数学生接受教育的年限，有利于提高公民素质。通过把不具备工作技能的青年培养成企业所需的技术工人，职业教育有利于提高生产效率、增加年轻人收入。职业教育有助于优化学校教学过程。在职业教育的教学中，学生主要通过主动操作来进行学习，有利于促使学校教育系统重视实用目标，并有助于把教育与生活联系起来，从而使教育具有更丰富的意义和功能。

第四，职业教育理论的不断发展与成熟促进了实践的进展。当时一些教育家认识到职业教育的巨大价值，努力推动美国职业教育的发展，斯奈登（Snedden）、杜威、普洛瑟（Prosser）是其中的代表。斯奈登指出，20 世纪初期美国有不少弱势家庭儿童、非洲裔移民家庭儿童，以及孤儿、身心残疾儿童，他们需要实用的职业教育。由于自由教育不能传授给学生实际技能，因而在公立学校进行职业教育对这些儿童具有重要意义。因为职业教育的主要目的是增强学生的谋生能力，提高社会生产效率，即通过专门教育来培养高效率的生产者。他把职业教育划分为专业教育、商业教育、工业教育、农业教育、家政教育等几种类型，并认为专业教育以培养律师、医生、教师、牧师为目标，这些早在中世纪大学时期就是大学教育的主要内容。在 20 世纪早期，包括师范教育、高等农业教育、工程教育等在内的高等职业教育更成为美国高等教育的重要组成部分。基于此，在中学进行职业教育完全是合理的、可行的。

杜威从更宽广的视野来考察职业教育。在《民主主义与教育》一书中，杜威对教育本质、目的、方法的观点中都包含丰富的职业教育因素。他认为工作的性质与类型多种多样，既包括个人赖以谋生的工作活动，也包括扮演家庭成员或朋友的角色、担负公民责任等活动，因此，广义上的职业活动应是指一切“有目的的持续性活动”。只有通过职业活动与教育，个人多方面的知识、能力与兴趣才能得到发展。职业活动为学习提供了真实场景，使学习具备直接的目的、兴趣、思考、纪律等，这样学习就成为个人成长的活动，而不是由外力强制进行的活动。因此，与其他类型的教育相比，职业教育最具备进行有效学习的各种条件。同时，也只有职业教育才能使青少年为某种工作做好准备，自由教育不是最合适的职业预备教育。必须指出，杜威反对狭隘的职业训练，他所提倡的职业教育是广义的，即为青少年提供可以借此谋生的各种职业所需要的普遍性的知识和技能。职业教育的优势不是进行狭隘的、以获得物质报酬为导向的训练，而是在培养学生一般性工作能力的同时，关注他们道德与智力的发展，帮助他们获得与工作有关的经验、兴趣、思维方式以及纪律。

普洛瑟被称为美国职业教育之父，他提出了关于职业教育的十六条基本原则：学习者接受培训的环境与未来的工作环境越相似，职业教育就越有效；只有用与工作本身相同的操作方法与工具进行培训，职业教育才能奏效；当使用工作本身所需要的思考方式与操作习惯进行培训时，职业教育会是有效的；当职业教育最大化地适应个人兴趣、爱好和天生的智力时，它将是有效的；任何行业的职业教育都是针对需要这种教育，并能够从中获益的群体；当特定的培训能够养成学生正确的操作和思维习惯，并且不断重复直至达到熟练水平时，职业教育才是有效的；当培训者在他所教授的领域拥有成功的工作经验时，职业教育是有效的；每种职业都有胜任该工作所需要的最基本的生产技能，如果职业教育不能使学生达到最基本的水平，它将是无效的；职业教育必须符合市场状况，并教导学生去满足市场的需求；只有在真实的工作中而不是通过模拟的练习甚至虚假的工作环境中进行培训，学习者才能理解工作过程，并养成有效的工作习惯；如果培训内容是针对某种职业的具体工作的，那么，培训内容唯一可靠的来源是该职业领域内专家的经验；每一种职业都有其特定的内容，这些内容对于其他职业则没有实际效用；当职业教育能够在某一群体需要时、以最有利于他们的教学方式提供培训，它就能有效地发挥社会服务的功能；当职业教育的教学方法能够适合特定群体的具体特点时，它就能很好地发挥社会效益；当职业教育的管理灵活而不呆板时，它的管理才是有效的；虽然要采取各种合理措施来减少人均成本，但有效的职业教育需要最低成本的投入，低于最低成本，职业教育不可能有效。普洛瑟提出的这些原则涵盖了职业教育的教学方法、学习方式、教学内容、教师资格、管理等诸方面，为美国的职业教育发展提供了实用性的理论指导。

第五，《史密斯休斯法案》的颁布。1917 年，美国国会通过了《史密斯休斯法案》。法案规定，联邦政府拨款资助包括农业、商业、工业、家政和师范教育等在内的公立中等职业教育的发展，为得到这些资助，各州政府必须按联邦政府资助的数额划拨相应的经费用于职业教育，并且保证：联邦政府资助的职业教育项目必须在公众的监督下进行；职业教育的主要目的是培养学生的有效就业能力；职业教育的程度低于大学或学院，它应满足年满 14 周岁、已经参加工作或准备寻找工作的年轻人的培训需求；州政府或当地社区应为职业教育提供必要的厂房和设备。法案强调要把新的职业课程与传统的学术课程区分开，职业课程应注重实用技能的培训，应更符合工人阶级家庭孩子的需要，实行“50—25—25”原则，即学生 50% 的时间在工厂工作，25% 的时间用于学习与工作相关的职业课程，25% 的时间用于学习一般性的学术课程。《史密斯休斯法案》适应了当时美国社会对职业教育的强烈需求，促进了美国职业教育的发展，并使联邦政府在形塑美国中等及中学后职业教育方面开始发挥重大作用。同时，《史密斯休斯法案》也奠定了美国职业教育的基本框架，形成了美国职业教育的特色。《史密斯休斯法案》的颁布意味着美国的职业教育在教育系统中获得了正式的、合法的地位，并促使职业教育强调具体工作技能的养成，几乎排除了理论性、学术性的内容。

在上述因素的共同作用下，美国职业教育在 20 世纪初至 20 世纪 80 年代获得了快速发展。例如，美国 1888 年出现了第一所农业中学，1913 年增加到 2300 所，1915 年更是迅猛增加到 4665 所。此外，这一时期职业学校的类型或课程直接与工业类别及其他行业——商业、卫生、家政、工艺等相对应。每个行业的职业教育都有自己独立的经费来源、培训课程、教师资格制度、主管部门等，这使职业教育系统总体上呈现出隔离和分裂的状态。联邦政府对职业教育的发展一直保持着强有力的影响。职业教育经费的划拨主要由职业教育家控制、操作，并不在普通教育的经费范围之内。职业教育起步时期的主要目的是提高移民和蓝领工人的实际工作技能，其后的关注点不断有所变化：20 世纪 20 年代是国防建设，30 年代是减少失业，40 年代是为战争服务，50 年代和 60 年代是为和平时期的经济发展服务，60 年代以后则是着力为弱势群体——残疾学生、贫困家庭学生、移民学生等服务。

二、关注学术素养的职业教育阶段：20 世纪 80 年代至 20 世纪末

20 世纪 80 年代，美国职业教育掀起了改革浪潮，改革的原因主要有两点：一方面是原有的职业教育理念和操作模式已不适应工作性质的变化。80 年代以后，随着计算机、网络以及其他高新科技的迅速推广应用，工作性质发生了巨变。现在的工作既需要动脑，也需要动手。这就要求学生既要具备较强的应用技能，又要掌握深厚的理论知识。在这个变化剧烈、技术复杂和充满国际竞争的时代，美国经济有落于别国的危险，而一些改革者认为，日本和德国的制造业比美国更有优势的根本原因是高质量的普通教育，而不是职业教育。因此，狭窄的、培养具体工作技能的职业教育已不能适应工作变化的需要，把教育系统人为地分为学术性的普通教育与技能性的职业教育已不再合适。另一方面是职业教育的社会地位不高。职业教育拒绝贫乏的书本内容、非情景化的学习，追求实用的工作技能而不是书本知识，是其优点。然而，职业教育从诞生时就与阶级、种族、性别等纠缠在一起，被认为是属于弱势阶层、工人阶级家庭和移民家庭子女的，是次等教育，这就给接受职业教育的学生贴上了差生的标签。职业学校毕业生在工作环境、收入、社会地位等方面都明显低于接受普通教育的学生。另外，有些职业培训教程（比如机械和建筑行业）被认为是男性的领域，对女性不合适，这有性别歧视之嫌。在男女平等意识强烈的美国，这也会招致批评。总之，从提高社会声誉的角度看，美国的职业教育必须进行改革。

理论研究者也对职业教育存在的问题提出了批判。杜威重视职业教育的价值，但他对美国职业教育的现状较早地提出了批评，认为它违背了民主、公正的原则，职业教育的目的不是为了使普通公民获得自由选择从事劳动的能力并从劳动中得到自身的价值与解放，而是为了让资本获利。20 世纪 70 年代，新马克思主义批评家们，如伯格、鲍尔斯、金迪斯、拉泽尔松等，批评美国的职业教育已沦为资本家控制劳动力供应的手段。20 世纪 80 年代，许多人批判狭隘的工作技能培训的职业教育理念与做法，认为这是一个时代的错误。美国国家优异教育委员会（National Commission on Excellence in Education）出版的《国家处于危急之中》（*A Nation at Risk*）指出，优异的学术教育是美国在与其他国家的竞争中重获优势的必由之路，必须明确生产效率、经济竞争力与普通教育之间的牢固联系。

为了应对以上挑战，美国的职业教育进行了深刻改革。1984 年美国中等职业教育国家委员会发布了《一项未竟的事业》(The Unfinished Agenda) 的报告，提出职业教育应关注学生这些方面的发展：个人的技能与态度，表达能力、计算能力以及技术素养，与工作有关的技能，广泛而又具体的职业技能与知识，职业规划与终身学习的基础。这在某种意义上表明职业教育的目的有所变化，即从狭窄的职业技能向宽广的基本能力转变。同年，美国国会通过了《帕金斯职业教育与技术法案》(Perkins Vocational Educationand Applied Technology Act)。该法案的两个主要目标是改进职业教育课程、扩大职业教育学生数量，并为有特殊需要的学生提供更好的服务。考虑到当时美国的经济与教育状况，这两个目标总体上过于激进，而且模糊不清。一开始《帕金斯法案》把联邦政府资助各州经费的 57% 用于弱势学生群体身上，而 43% 的经费用于改进课程。80 年代末期至 90 年代早期，越来越多普通群体的学生退出职业教育转去学习学术性课程，而且援助经费更青睐于接受职业教育的特殊群体，职业教育中特殊群体的学生比例大大增加。《帕金斯法案Ⅱ》和《帕金斯法案Ⅲ》进一步促使联邦政府对职业教育的指导发生巨大变化。《帕金斯法案Ⅱ》呼吁职业教育应发展所有阶层学生的学术能力与职业技能。通过改进课程，使之能够培养学生获得高度发达的技术社会所需要的学术能力和职业技能，这一目标是可以达到的。联邦的职业教育法案第一次把重点置于学术能力的培养上，并且经费可以用于所有阶层的学生。通过设立高标准、建立中学课程与中学后课程的连接，《帕金斯法案Ⅲ》继续强调要发展学生的学术能力、职业技能与技术能力，取消对特殊群体学生的资助，并要求每个州都要向联邦政府提供关于学生成绩的四个核心指标：对学术、职业 / 技术技能的掌握水平；学生获得中等教育证书或普通教育证书、中学毕业证、中学后教育证书的比例；在中学后教育机构中入学、在读，以及毕业的比例，服兵役的比例，参加工作的比例；参加并完成非传统的课程和就业的比例。

《帕金斯法案》推动美国职业教育系统进一步向复杂化方向演变，职业教育的复杂化与多元化是美国社会、经济复杂多样的要求的反映。美国有 33500 个公立和私立机构提供职业教育课程，这些课程也是多种多样的，以满足培养学生工作与生活技能的需要。这时期美国共有 15200 所综合高中，其中 93% 的学校开设至少一门入门性质的职业课程，比如家政、技术教育等；75% 的学校开设至少一门较高级的职业教育课程，比如美容、建筑、机械维修等；但开设六门以上职业教育课程的学校不到综合高中总数的 5%。更多的职业教育（特别是工业与商业教育）由州的职业中心或职业高中来承担，这些机构拥有较全面的设施、工作场所和实验室，以及必需的设备和某些职业领域所需的更全面的训练。美国约有 1100 个职业中心，250 所职业高中。职业中心为高中阶段的学生提供部分时间制的职业培训，综合高中或家庭负责学生普通教育课程的学习。职业高中则是全日制的，既对学生进行具体的职业培训，也提供学术性课程的教育。提供中学后职业教育的机构包括 720 所可授予学位的社区学院、162 所可授予技术学位的技术学院、504 所不能授予学位的中学后职业教育学校、308 所针对某一种工业行业的中学后职业教育学校以及 70 所为弱势青年群体提供职业教育的中学后技术中心。另外，大约2400所私立中学后学校也进行职业教育。

三、注重灵活性的职业教育新阶段：21世纪初至今

进入21世纪以后，美国的职业教育研究更加活跃，研究者纷纷提出对美国职业教育发展的观点与展望。诺顿·格拉伯（W.Norton Grubb）等人提出了新职业教育（the New Vocationalism），认为职业教育应从为特定的职业做准备转向为工作和未来学习做广泛的、一般性的准备。追随杜威的教育主张，格拉伯强调活动教学和案例教学的重大价值。20世纪早期职业教育与学术教育成了两种截然不同的教育，格拉伯认为这两种教育在21世纪应重新整合为一个整体。换言之，完整的教育应包括以下成分：

一般职业能力的教学——这类课程重视各种职业所需的一般性知识和能力，不关注学生所需要的特定工作技能。广泛的职业教育内容不仅是学生职业生涯的基础，还应为学生的继续教育做好准备。

学术性和职业性整合在一起的教学——传统学术性内容的教学可以而且应该吸收职业课程，应该包括学科概念在工作中应用的例子。

发展新的教育机构——学术教育和职业教育的重新整合需要新的教育机构，比如职业生涯学院、职业联盟、职业导向的高中等。这样的教育机构可以帮助学生为各种职业做好一般性准备，教授更多的学术性内容，更容易吸引不同类型的学生，还可以帮助学生明智地选择合适的教育类型和职业，可以进行针对某个行业的全面指导，更容易与雇主建立联系，并实施基于工作的学习。

为实现学术教育与职业教育的重新整合，1994年美国颁布《学校——就业机会法案》（School-to-Work Opportunities Act）。该法案的目标是帮助所有青年，使他们为高技能和高收入的工作做好准备，得到高质量的学术教育，获得继续接受中学后教育及终身学习的基础。针对该法案，格拉伯提出教育应包括基于学校学习、基于工作学习以及把二者整合在一起的活动。基于学校的学习包括把学术性内容与职业性内容综合在一起的课程，其目标指向与中学后教育相连接的某一职业领域。为了给学生提供基于工作的学习机会，必须与企业建立伙伴关系。基于工作的学习应与基于学校的学习协调一致，因此必须开展把二者整合在一起的教学活动。所有学习的主旨是促使学生在真实的环境中主动学习，积极探索与自己的兴趣相符合的、可能的职业道路。

美国职业技术教育指导者协会（National Association of State Directors of Career Technical Education Consortium）主张扩大职业教育对象，使之包括成年人，认为职业教育应为学生和成年人提供：在工作或职业生涯中获得成功所必需的技能和知识；跨行业或跨部门的基本能力，包括问题解决能力、团队合作能力、发现和使用信息能力、在工作与家庭之间取得平衡的能力等；传统的学术教育目标能够得到实现的学习环境。该协会进一步界定了职

业教育的五项关键原则：从工作场所中选择课程、构建标准；职业教育是整个教育系统中必不可少的组成部分，它为所有学生提供职业生涯取向的帮助；职业教育是人力资源开发系统重要的组成部分，它为经济繁荣提供必要的基础；通过区别学术标准和工作场所的标准、评价学生的成绩表现、对接受职业教育的学生的成功抱有很高的期待等，职业教育能够达到优异的水平；职业教育是多元的、灵活的，足以适应复杂多样的教育环境、学生和专业程度的需要。

卡诺伊（Carnoy）认为有效的职业教育和培训必须是灵活的，应和当下的而不是未来的劳动力市场状况相联系。在高中阶段，灵活性意味着学生在职业意识成熟之前不应该被约束在某种特定的职业中，相反，他们应该学习一般职业素养的课程。在中学后教育阶段，灵活性意味着应使学生通晓某一领域内所有环节的工作技能，如在建筑领域，学生不仅要学习如何砌墙，还应学习木工和金工，这样他们就具备了选择、变换工作的灵活性。在这一阶段，灵活性还包括在工作现场的实习，以及聘用专家级别的工人做兼职教师。另外，不仅教育系统应具有灵活性，系统中的人也应是这样，灵活性意味着受过更好教育的学生在劳动力市场上拥有更多选择机会。

综上可知，在21世纪，职业技术教育系统将具备更大的灵活性。20世纪职业教育机构的设置与社会上职业的层次结构是一致的，四年制大学或学院培养白领和知识工作者，两年制社区学院或技术学院则培养蓝领和技术工人。但在21世纪，工作本身的组织形式将趋于扁平化，工人将不再分蓝领和白领，他们属于同一个团队，都有机会使用电脑和信息库，所有的工作都将是知识性的。另外，工作的流动性也大大增加。因此，职业教育与普通教育的融合将是21世纪高等教育发展的主流趋势。美国明尼苏达州的高等教育系统已经迈出了整合的步伐，社区学院和技术学院升格为四年制的州立大学。这些学校仍然保持其职业技术教育的优势，但成为大学后，它们将不再被定位于次等教育，有利于它们克服以前所面临的诸多困难。从全美范围看，学生在社区学院或技术学院获得的学分正越来越广泛地得到大学的承认，高等教育系统不再把学生区分为大学生与接受中学后教育的学生。职业教育的价值得到了重视，在逐渐与普通教育相结合的过程中，它日益获得了与普通教育平等的地位。这样，职业教育无疑将获得进一步的发展。同时，这种变化是双向的，普通教育也在逐步吸收职业教育的优点。当普通教育与职业教育之间建立起畅通的联系以后，学生就可以依据自己的意愿自由选择课程，高等教育系统的灵活性将极大地增加，也将更好地满足学生、社会与经济发展的需要。

第三节　职业教育现代化的理论定位

职业教育现代化的理论定位要从道路自信、制度自信、文化自信三个层面获取自信上的定力，要在人才观、专业观、道德观等方面加强理论研究，获得实践成果，积累职业教育现代化的经验。要以“特”前行，以“法”支撑，以“智”彰显，推动职业教育的内涵发展，加速职业教育现代化的步伐。

职业教育现代化，是对中国职业教育的战略性思考，是教育的革命性、复杂性、系统性、长期性、阶段性、趋同性、进步性、全球性、不可逆性的过程。它包含教育思想、教育发展水平、教学体系、师资队伍、办学条件、教学管理等各个要素，与社会发展相适应。

职业教育现代化是一种教育产品需求与教育报偿需要的现代化，是教育产品对各种文化与社会价值认同的现代化。这个现代化与经济社会和职业结构变化相关联，与产业结构升级换代同步发展，与人力资源的配置和人才培养目标的定位及职业院校的办学宗旨紧紧衔接，是教育的历史使命和责任担当的价值体现。研究职业教育现代化的理论定位，对推动职业教育内涵发展，服务国家发展战略，健全职业教育体制机制，提高职业教育人才培养质量，有着十分重要的现实意义。

一、职业教育现代化的道路自信：以“特”前行

以“特”前行就是从我国的国情出发，按照行业的特色配置职业教育资源，构建有行业特点的职业教育体系。作为能源和建设类的高职院校就是按照自己的教育资源优势，培养与行业发展相适应的有“工匠精神”的技术技能人才，在服务国家发展战略中彰显自己的特色。

我国从 21 世纪初就开始大力发展职业教育，走出了一条符合我国经济发展要求的道路。特别是党的十八大以来，习近平总书记特别强调“职业教育是国民教育体系和人力资源开发的重要组成部分”“要树立正确人才观，培育和践行社会主义核心价值观，着力提高人才培养质量，弘扬劳动光荣、技能宝贵、创造伟大的时代风尚，营造人人皆可成才、人人尽展其才的良好环境，努力培养数以亿计的高素质劳动者和技术技能人才”，为发展我国职业教育强化了道路自信。这种道路自信主要表现在以下几个方面：

（一）我国建成了世界上规模最大的职业教育体系

全国共有 1.25 万所职业学校，年招生总规模近 950 万人，在校生 2700 多万人，非学历教育注册生 5287 万人，共开设近千个专业、近 10 万个专业点，基本覆盖国民经济各领域。全国建成约 1300 个职教集团，广泛开展订单培养、校中厂、厂中校、现代学徒制等，基本形成产教协同发展和校企共同育人的格局。

（二）职业教育的发展越来越适应国家发展战略，就业率始终保持高位

一是高职院校的专业布局越来越适应产业结构调整和产品质量升级的需要。2015 年高职院校专业目录 748 种，与第一产业、第二产业和第三产业的匹配度分别为 6.8%、39.5%、53.8%，与产业结构状况基本吻合。新增了 3200 个专业点，主要涉及新产业、新业态的专业领域，如物联网应用技术、软件服务外包、城市轨道交通等，都是高职教育有特色与亮点的专业。因此，高职院校毕业生就业率始终稳定在 91% 左右。

二是高职毕业生的收入水平快速增长，持续走好。资料表明，2012 届高职毕业生的月平均收入为 2731 元，到了 2015 届高职毕业生的月平均收入为 5020 元，三年内收入增幅为 83.8%，超出了城镇居民在岗职工的平均水平。

三是高职院校的人才培养质量越来越好，用人单位的满意度达到了 91% 以上。高职院校毕业生服务区域产业的能力越来越突出，200 所示范性高职院校为地方提供人才服务后，其毕业生留在当地的就业率超过了 65%。江苏省某职业学院推广了具有知识产权的畜禽新品种和农牧配套设施，种养结合技术，2015 年获横向技术服务款 427.30 万元，纵向科研经费 3152.40 万元，技术交易款 2916.90 万元，成为高职院校服务贡献 50 强的第一校，展现了职业教育服务经济发展的优势能力。

四是服务国家发展战略承担国际交流与服务“一带一路”沿线国家的能力越来越突出。如天津某职业学院在泰国大城技术学院举办了工程实践创新项目“鲁班工坊”，并在此基础上向东盟各国扩展，与 20 多个院校签订了合作协议。苏州某职业学院每年接受新加坡、芬兰等国院校的 500 多名学生的技术技能培训，获得了很好的办学声誉。

（三）职业教育发展的原创性彰显了中国智慧，为世界职业教育的发展提供了动力

中国的职业教育不是在普通教育中衍生的，而是以自己的教育资源土壤，错位发展，逐渐成为引领“半壁江山”的教育形态。高职院校从当初的 6 所发展到 1300 多所，增长了 200 多倍。原因在于这种教育形态产业更适应我国工业化发展的需要。中国的经济发展虽然需要大量的精英人才，但是更需要有“工匠精神”的数以万计的技术技能人才，需要在第一线直接产生经济效益的产业大军。因此，职业教育的快速发展是时代的需要，是中国国情的需要，也是教育公平产生的实际效果。

二、职业教育现代化的制度自信：以“法”支撑

中国是世界上以立法形式明确界定和实施高等职业教育的两个国家之一，于 1996 年立法；另一个国家是瑞士，于 2004 年立法，其他国家的立法都不是国家层面的法律规定。1985 年《中共中央关于教育体制改革的决定》首次将高等职业教育纳入国民教育体系；1999 年《中共中央国务院关于深化教育改革全面推进素质教育的决定》再一次明确“要大力发展高等职业教育，培养一大批具有必要理论知识和较强的实践能力，生产、建设、管理、服务第一线和农村急需的专门人才”。党的十八大以后，国务院印发了《关于加快发展现代职业教育的决定》和《现代职业教育体系建设规划（2014—2020 年）》，为中国职业教育发展的升级版奠定了法规依据。

职业教育现代化是一种体系建设，是充分调动社会资源，激发职业院校办学活力，提升人才培养质量，培养一流产业大军的国家层面的战略行为。因此，它是顶层设计与目标实现的过程，是体现职业教育时代性、先进性的一种主体自觉。当前我国职业教育现代化

的制度自信，主要体现在以下三个方面：

（一）构建了职业教育现代化的运行机制

一是构建了人才成长的“立交桥”，有了职业人才知识高移的“直通车”。很多弱势群体家庭的子女可以通过中职——高职——技术大学的渠道成为行业的高端人才，这对实现教育公平意义重大。

二是优化了职业人才的知识结构。通过非学历教育和岗位任职资格培训，一大批高素质劳动者和技术技能型人才成为行业的领军人物，成为“大众创业，万众创新”的主力军。

三是树立了大职业教育观。普通教育、义务教育、社区教育等非职业教育形式融入了职业教育的要素，满足了各个人群求发展、求健康、求知识与智慧结构改善的需求。职业文化成了新的经济增长点，很多古稀之人都能在“双创”中发挥知识与智慧的余热，获得一些收入，不少非物质文化遗产的传承人，创新了中华民族优秀文化项目，焕发了新的生机，为新业态的发展和扩大文创方面的就业范围做出了新贡献。

（二）构建了职业教育现代化的多元主体发展治理机制

一是明确了参与办学主体的责、权、利，构建了多元主体共同治理的教育体系。通过法律约束与规范，实现了产权制度改革，建立了现代化的法人治理结构。多元办学的产权主体，立足于所服务地区的人才需求实际，不断改革和调整办学方针，创新教学方式方法，实现职业教育信息化的战略转变，使课堂教学更加生动灵活，使实践教学更有利于提升学生的职业综合能力。

二是构建了现代职业教育与区域经济的共轭联动机制，深化了产教融合的内涵，优化了教育资源共享。全国 200 所示范性高职学院实现产学合作的已经超过 5500 家，生均仪器设备总值达 15000 元，大大提升了职业院校的办学实力。资料表明有 262 家知名企业在产教融合中发挥了主体作用，85% 的企业把资金投入人力资源优化上，70% 的企业把资金用于教学条件改善上，80% 的企业把资金用于实践教学条件的提升上，从而强化了产教融合命运共同体的地位。

三是构建了政府问责与教育投入机制。2015 年全国职业教育财政性经费达 2950 亿元，比 2010 年增加 1490 亿元，增长 102.1%。2014 年，全国各地高职生均公共财政预算教育经费支出 10155.61 元，比 2013 年增长 2%；全国 18 个省份高职公共财政教育经费支出呈增长态势，青海、广西、贵州、上海、天津等 5 个省市增幅超过 15%。各级政府不断优化职业教育发展环境，落实《职业教育法》的各项要求，依法施政，使政府的作为更有法纪与制度的保证。

（三）构建了职业教育现代化适应社会需求的能力评估机制

一是强化了新常态下的高职教育质量评价体系建设，全面落实专业设置与产业需求对接，课程内容与职业标准对接，教学过程与生产过程对接，毕业证书与职业资格证书对接，职业教育与终身学习对接的要求，使办学理念更适应职业教育内涵发展的大趋势。

二是从政策法规上强化了对职业教育适应社会需求能力的监督力度。国务院在 2016 年 3 月 23 日下发了《高等职业院校适应社会需求能力评估暂行办法》，在办学基础能力、双师队伍建设、专业人才培养、学生发展与社会服务能力等方面提出了具体的评估要求，从而最大限度地释放了行业教育集团、高职院校的办学活力。

三是实施了《高等职业教育创新发展行动计划（2015—2018 年）》，推动了各省市健全“文化素质 + 职业技能”的招生办法，为学生接受不同层次的高等职业教育提供了多种机会。学生更能适应社会需求对人才培养的全新标准，就业增长率超过了预期。

总之，我国以《职业教育法》为引领，已经建成了涵盖学校设置专业教学、教师队伍、学生实习、经费投入、信息化建设等一系列制度和标准。使职业院校落实国家的方针政策、管理规范、教学要求、质量保证更加自信、更有作为，从而为职业教育现代化的依“法”支撑，大大强化了制度自信。

三、职业教育现代化的文化自信：以“智”彰显

“智”是智慧、聪明、见识、谋略、才能、判断力、创造力等充满文化要素的统称。以“智”彰显，就是以智慧的形态去解析心态文化、行为文化、制度文化、物态文化、艺术文化、精神文化对职业教育现代化的影响，去解析理想、信念、信仰、价值观、道德精神对职业人才成长的导向作用，从而去强化文化自信。强化职业教育现代化的文化自信，要在三个方面加大工作力度：

（一）用社会主义核心价值观定位职业人才的理念

社会主义核心价值观是 1949 年建立中华人民共和国以来在中国共产党领导下形成的民族共同心理和精神依托，是民族文化传承发展中形成的价值取向和价值心理，是职业人才生存与发展的基本内驱力。社会主义核心价值观提倡的“富强、民主、文明、和谐；自由、平等、公正、法治；爱国、敬业、诚信、友善”的理念，是提升职业人才责任意识和使命担当的根本要求，是知识、价值、规律、美誉等内在品质的“高势位”的展现。

社会主义核心价值观的弘扬，是职业教育现代化的一种人文需求，是“树德育人”的一种人文回归，是对人类生存和发展的人文关怀，是科学求真、人文向善的一种价值体现。为此，职业院校在社会主义核心价值观定位职业人才理念中，必须强调技术教育与人文教育相融合，必须用价值理性来引领技术教育，人才培养一定要强化“德艺双馨”，要将技术的智慧价值融入人才成长的全过程，在训练心智、陶冶性情、提升精神境界中展现理想与信念的定力。

（二）用工作价值观定位职业人才的能力

工作价值观是一个比较宽泛的概念，归纳国内外学者的观点，大约有如下说法：

1. 工作价值观是个人所追求的与工作有关的目标，是个人的内在需要以及其从事活动所追求的工作特质或属性。

2. 工作价值观是个体在从事有关活动中想获得的事物，是个人对于其工作活动赞同与尊重的渴望程度，能反映个人从工作情境中所要追求的条件及管理行为。

3. 工作价值观是引领人们对于工作本身或者某一特定工作的实质意义，包括经济报酬、忠诚、人际关系、社会地位等形成的偏好的认知或意向。

4. 工作价值观就是那些与工作本身及工作环境有关的评价标准，包括道德成分、个体与社会。

5. 工作价值观是关于工作选择、工作生活的意义、工作等级等问题的价值评判，主要表现在价值取向、工作选择原则、工作报酬的期望等问题上。

6. 工作价值观是人们衡量社会中各种职业优点、意义和重要性的尺度，属于个性倾向性范畴。

笔者认为，工作价值观是从事各种职业的人们一种价值取向和价值判断，是一种依靠自己的能力获取财富和社会尊重的理念和由此产生的行为结果。它决定了职业道德、工作伦理、工作情绪、工作态度，也决定了生存与发展的空间。

用工作价值观定位职业人才的能力，就是将自己的价值取向定位于适应21世纪职场需求大的各种知识、智慧与能力，行业专有技术与技能、创造力、信息运用能力、交流与合作能力、任务执行力、团队协作能力等等，都要跟上时代发展的潮流。要不断强化“学会学习、学会做事、学会共处、学会生存”的能力，在职业综合能力提升上获取自信，这样人的尊严、劳动的尊严才会被社会承认，与工作价值观相适应的职业文化才能得到弘扬。实现职业人才的全面发展是职业教育追求的根本目标，也是文化自信的必然结果。

（三）用“工匠精神”定位职业人才的态度

态度决定一切，态度决定弘扬“工匠精神”的价值。能否尊师重道、爱岗敬业、精益求精、求实创新、追求卓越，归根结底要看职业人才所持的态度，看他的思想境界，看他是否具有匠心、匠才、匠能、匠德，有没有尚美的情怀、求新的理念、求精的追求和求卓的心态。有一流的心性才有一流的技术，有一流的人品才有一流的质量。“工匠精神”实质上是一种“工匠文化”，是体现在“崇实务实、认真细致、勇于创新、吃苦耐劳、追求完美”上的一种文化心态。所有工匠师傅创造的产品、提供的技术服务都是他的心血与智慧的结晶，也是“工匠文化”的展现。

高职学院培养职业人才的“工匠精神”，一是在课程设置上要有新思维，课程模式与“互联网+”要适应不断创新。二是重视专业设置与市场紧密衔接，形成专业链、产业链和创新链互动，培养“工匠精神”突出的一流技术技能人才。三是实现产教融合的创新发展，企业文化、校园文化都要融入“工匠精神”元素，使学生的职业信念、专业情感、学习动因、能力储备和智慧升华都彰显出时代的气息。四是职业行为的专业化和行业化。要形成好的职业习惯，严格遵守工艺流程和工艺要求，培养良好的生产意识、精品意识和品牌意识，永远追求极致。五是要具备高度的职业认同，热爱自己的工作职业、行业，永远用高品质的产品和服务为社会的发展默默无闻地做贡献。

总之，职业教育现代化的理论定位要从道路自信、制度自信和文化自信三个层面上获取定力，要在人才观、专业观、道德观、能力观等方面强化理论研究，强化科研成果的实践，积累职业教育现代化的经验。要服务国家战略布局，承担起职业教育现代化的历史担当，按照“创新、协调、绿色、开放、共享”的五大发展理念，提升职业院校的服务能力和生存发展能力。

第四节 职业教育产教融合的理论基础

职业教育产教融合既是重要的政策问题、实践问题，也是一个重要的理论问题。在系统论和社会系统论的框架下，职业教育产教融合是涵盖多领域、多部门的一个复杂系统，是一项系统工程。在教育生态理论视域下，产教融合处于一种良性、和谐、共生的状态，坚持全面、系统、公开的思考方式。产教融合是产业与职业教育两大领域的对接与融合，涉及众多的社会伙伴关系，体现为共赢共生、互利互惠、文化包容、价值多元、目标一致、共同治理、卓越绩效等诸多特征。在利益相关者理论的视野下，利益分配的制度化成为必然选择，其核心精神为利益的平衡、共享和共建。如何实现职业学校教学过程与企业生产过程的对接，工作本位学习理论提供了直接的理论指导。

在职业教育领域，产教融合不仅是政策问题、实践问题，也是一个重要的理论问题。对产教融合的理论基础进行探讨，无论在理论上还是实践上均具有重要意义。职业教育产教融合的理论基础主要包括系统论和社会系统理论、教育生态理论、社会伙伴关系理论、利益相关者理论、工作本位学习理论等。

一、系统论和社会系统理论

“产教融合”是人才供给侧和产业需求侧结构要素的全方位融合，涉及学科专业结构与产业结构的适应（宏观层面）、校企双方的深度合作（中观层面）、教学过程和生产过程的一体化（微观层面）等多层面、多结构的问题。在职业教育产教融合问题上，系统论与社会系统理论提供了重要的理论基础。

系统论最初为一般系统论，是生物学家贝塔朗菲（Bertalanffy L.V.）在 1936 年提出的。该理论运用逻辑和数学的方法研究一般系统的运动规律。贝塔朗菲在其经典著作《一般系统论：基础、发展和应用》（*General System Theory：Foundations. Development. Applications*）中，把系统定义为“相互作用的若干要素的复合体”，并从基本的数学描述公式出发，引出整体性、总和、机构化、中心化、果决性、同型性、反馈性、稳态化（动态平衡）、层次性、开放性等一系列概念和特征，其中整体性、机构化、反馈性、稳态化、层次性、开放性为基本特征。系统论认为，“系统是由多个部分、按照特定方式结合起来、不断演化发展的整体，它在与其他事物和环境的相互联系中体现自己的属性、功能和价值”。社会系统理论是在系统论的基础上发展起来的，卢曼（Niklas Luhmann）是代表人物，卢曼的社会系统理论将“系统 / 环境”称为观察中的主导性区分，认为“一个系统的结构和过程只有在与环境的关联中才能存在，而且只有在这样的关联中加以考虑才有可能被理解……或者说系统就是系统与环境之间的关联”，其核心思想是“系统向环境开放”并把二者作为一个整体加以思考。巴纳德（Barnard C.I.）的社会系统理论主张，人是具有自由意志、有限选择能力和合作意愿的有限理性人，社会的各级组织是一个由人的合作行为组成的合作系统，这一合作系统的存在和持续运行取决于合作意愿、共同目标与信息沟通三个核心要素在系统中的动态维持。

教育是一个复杂、开放的社会系统，是社会大系统中的一个子系统，受社会其他子系统（经济、政治、文化等）的影响并发生相互关系，这些子系统构成了教育的外部环境。在教育系统内部，职业教育是重要组成部分。职业教育如何深化产教融合，系统论和社会系统理论为此提供了重要的理论基础和探究的新视角。在系统论和社会系统论的框架下，职业教育产教融合本身就是涵盖教育、经济、政治、文化等多领域、多部门的一个复杂系统，是一项系统工程。系统的整体性特征揭示了职业教育产教融合不能（也无法）由职业院校单独完成，必须发挥经济系统（含产业、行业、企业系统）、政治系统（政府政策的支持，各部门的统筹协调）、文化系统（企业文化、学校文化的融合，特别是企业文化如“工匠精神”的培育）的重要功能。系统的机构化和中心化特征要求职业教育产教融合必须建立相关制度和合作机制并围绕主要目标和中心任务开展工作。系统的层次结构特征提示产教融合必须考虑结构的优化、要素的协同共生以及思考的层次性，如宏观层面（国家统筹协调）、中观层面（校企深度合作）、微观层面（校企协同育人）等。“稳态”最初为生理学领域的概念，意为机体内环境的一种动态平衡状态，是一种自我调节机制，引申到社会系统领域，指的是社会系统内部的一种平衡态势，这种平衡不是静止的，而是系统内部处于不断运动的状态，这种状态不会偏离中心稳定点太远。系统的稳态和自组织性特征提示，在制订职业教育产教融合相关政策措施时既不要思维保守、故步自封，也不要前后变动过剧，必须考虑产教融合系统自身的自组织能力和现实承受能力，需要协调好系统的各个要素和各方主体利益。系统的开放性揭示了系统与环境的交换过程本身也是促进系统发生转变的动力，要求随着产业结构需求的变化，职业教育供给侧要做相应的调整和变化，保持一种适应状态，这也是系统反馈性特征的重要体现。此外，系统的反馈性特征还蕴含着产教融合建立评估反馈机制的必要性。总之，根据社会系统理论，合作意愿、共同目标、信息沟通是职业教育产教融合必须重视的三个关键词。

二、教育生态理论

在我国职业教育领域，产教结合、校企合作已经进行多年，取得了许多成效，然而也有不少失败的案例，这些案例暴露出一个现实问题，即这种结合与合作常易流于表面，学校与企业联系不紧密、合作不畅、效率低下、企业参与度低，等等。在职业教育深化产教融合的背景下，教育生态理论为解决产教融合过程中存在的问题提供了一个崭新的视角。

理解教育生态理论，首先必须把握生态系统的内涵。生态系统（Ecosystem）这一概念是由英国植物学家坦斯利（Tansley）于 1935 年首先提出的，指的是“一定地域（或空间）内生存的所有生物与环境相互作用的具有能量转换、物质循环代谢和信息传递功能的统一体”，其基本点在于强调系统中各因子之间的相互联系、相互作用以及功能上的统一，基本原理是“联系”与“共生”。20 世纪 70 年代，美国教育家克雷明（Cremin L.A.）首次把生态学理论引入教育领域，提出“教育生态学”一词，并系统地探讨了教育生态理论，把教育理解为一个与自然的、社会的、经济的、政治的、文化的生态环境关系密切的，由时间和空间构成的开放而实在的生态系统，主张要根据教育生态学的观点来思考教育问题，并坚持三种思考方式，即全面地思考、联系地思考、公开地思考。

就职业教育产教融合而言，教育生态理论启发我们要通过分析各种生态环境因素（如产业升级带来的变化）与职业教育事业发展之间复杂的、动态的关系，揭示职业教育发展的规律和生态机制，探索优化职业教育生态环境以促进产教融合不断深化的途径和方法。职业教育产教融合中产与教的互动形成一个系统（或者环境），对双方结合而言可以是内部环境，但是对于某一方来说，另一方则为外部环境，这种外部环境会给对方造成影响。现在要解决的问题是如何使这种融合处于一种良性的、和谐的、共生的状态，这种状态就是生态。从教育生态学的范畴分析，对于任何一方的利益相关者来说，只有实现自身的可持续发展，才能激发其内在动力（愿意发展、愿意付出），而一些反面例子（如目前一些职业院校的校企合作流于表面、停留在浅层、形式化问题等）也印证了这种教育生态建设的必要性和重要性。因此，职业教育深化产教融合，就得营造一种生态环境，避免利益主体因一时冲动而追求短期的狭隘目标，要努力实现利益各方的长远的可持续发展目标，实现共赢。

基于教育生态理论，“全面地思考”职业教育产教融合，不但要考虑职业教育领域，也要考虑产业领域；不但要关注学校、教师、学生，关注行业、企业、企业员工，也要考虑当地经济社会发展。针对学生个体，不但要关心其职业教育生涯，更要考虑终身教育，注重关键能力及能力的可迁移性；对待教师和企业师傅，则要注重其专业发展，拓展其职业生涯。“联系地思考”职业教育产教融合，就其核心词“校企协同育人”而言，“协同”是关键。协同就是联系，这种联系是经常的、非形式化的，要赋予实质性内容，即职业教育的专业设置与产业需求相联系，实现对接；职业教育课程内容与行业职业标准相联系，实现对接；职业教育教学过程与企业生产过程相联系，实现一体化；职业学校毕业证书与职业资格证书相联系，实现对接；职业教育与终身学习相联系，实现对接。其他联系还有教学过程中理论与实践相联系、学校和企业相联系、教师与企业师傅相联系、学校与家长相联系等等。“公开地思考”职业教育产教融合，体现在为多个层面、多个主体共同制订产教融合的政策措施，如政府、企业、学校、社区、媒体等等，拓宽公共对话的方式，公众广泛参与讨论，而过程则受公众监督。通过不同观念的广泛、公开碰撞，不断整合，最后达成共识，形成集体智慧，以促进产教融合不断深化。

三、社会伙伴关系理论

职业教育产教融合涉及多方主体，涵盖宏观（国家和中央政府）、中观（地方政府、企业、职业院校、行业组织和其他社会组织）、微观（校长、教师、学生或学徒、家长、企业雇主、企业师傅）等多个层面。如何协调这些主体以促进产教融合的不断深化，社会伙伴关系（Social partnership）理论提供了有力的理论指导。

社会伙伴关系理论是市场经济发达国家协调社会利益集团之间关系的一个理论范畴和政治工具，是一套价值体系和制度体系的综合，可运用于建立国家层面以及企业层面的新型关系。博古斯拉夫（Janet Boguslaw）认为社会伙伴关系是有关利益主体（包括劳动力群体、行业企业、国家公共部门等）共同构建的一种区域共同体，其在区域经济发展、社会发展和劳动力开发等方面担负协调功能，并得到民众支持。1999 年，“哥本哈根中心”把社会伙伴关系界定为“一些从事自愿的、彼此互利的、创新型关系的公共机构、企业和公民等共同形成的一种组织关系，该组织通过组合内部的各种资源和能力以达成共同的社会目标”。塞登（Terri Seddon）是研究职业教育社会伙伴关系的国际权威学者，他立足教育领域，主张社会伙伴关系是由相关利益集团建立起来的一种社会学习交互空间，其本质和行动原则为“合作”与“互利”。

社会伙伴关系理论认为，社会伙伴共同致力于精心策划的合作行动与决策，以达成合作成员所制订的共同目标。旧的社会伙伴关系倾向于建立与中央政府的相互联系并形成制度化关系（如德国的学徒制体系或澳大利亚的产业关系体系），其调节机制和工作方式体现为合作伙伴长期存在的“默契”（Tacit understanding）；结构上的安排得到与社会伙伴关系相联系的规则、价值和期望方面的文化理解，这些理解无须达成共识。21 世纪以来，新的社会伙伴关系呈现出如下特征：利益集团和利益及相关者的自我管理，政府扮演的协调者和促进者的角色，精心管理决策过程（治理），以目标达成与责任分担为导向，构建更具信心、能力和参与积极性的工作环境和学习场所，重视能力建设（Capacity building），构建自我调节的共同体。总之，新的社会伙伴关系重视各方利益相关者目标和期望的达成，并诉诸正式的合同来管理这种伙伴关系；或是依据类似法律的某种协议条款，清晰界定社会伙伴各方的角色、责任与相关行动要求。换言之，建立共同的使命、目标和承诺是新社会伙伴关系的一个重要原则。社会伙伴关系涵盖广泛的领域，职业教育伙伴关系是其中的一个组成部分，它除了具备上述特征外，还明显呈现出组织和自组织的主动性特征。在主动构建职业教育社会伙伴关系方面，塞登（Terri Seddon）和比尔特（Stephen Billett）主张，要解决四个关键问题，即确定目标、获得资源基础或资助、支持主办机构的伙伴关系、协商可持续的工作方法等，而且，随着伙伴关系的发展，在对话、“搭档”和建立人际关系网（Networking）的过程方面进行管理，以便对这些过程进行协调，发挥可持续的“组织化”的社会功能，其中，在发展工作方法上，要注意社会和文化背景、包容性（Inclusivity）、准备性（Readiness）、参与共同目标等四个方面的问题。

根据社会伙伴关系理论，职业教育产教融合需重视职业教育社会伙伴关系的作用和功能，主动构建社会伙伴关系。职业教育产教融合是产业与职业教育两大领域的对接与融合，涉及多方的利益群体和个体，其本质为产业和职业教育双方的深度合作。“合作”一词内在包含如何处理利益各方的关系问题，而“伙伴”一词则揭示了合作的性质问题：不是一方压倒另一方，而是合作各方的平等相处、互利共赢。互利共赢是职业教育社会伙伴关系的基础和目标，也是开展工作的核心原则之一。由于产教融合不是产教双方表面的、形式上的结合，而是一种深度合作，这种背景下的职业教育社会伙伴关系就不是简单的伙伴关系，而是职业教育产教融合的各方利益主体和多重价值诉求的碰撞、协调、整合之后所形成的新型合作伙伴关系，体现为共赢共生、互利互惠、文化包容、价值多元、目标一致、共同治理、富于生态、共同治理、卓越绩效等诸多特征。为构建和完善这种伙伴关系，就必须创新相关制度和机制，以促进产教融合不断深化，推动实现产教各方的利益诉求和价值。

四、利益相关者理论

当前，我国职业教育产教融合存在的一些问题，如部分企业参与积极性不高，学校方面缺乏自信、动力不足等，其深层次原因部分来自利益相关的问题，在解决这些问题上，利益相关者理论为职业教育产教融合提供了现实的理论基础。

“利益相关者”（Stakeholder）一词首次在管理文献中出现是在 1963 年的斯坦福研究院（SRI）内部备忘录中，被定义为“组织没有这些群体（包括股东、员工、客户、供应商、债权人和社团）的支撑将无法存在”。此后，“利益相关者”的研究越来越受到重视，发展成一种理论，并经历了“利益相关者影响”“利益相关者参与”和“利益相关者共同治理”三个发展阶段，弗里曼（R.Edward Freeman）是本领域研究的集大成者，其关于“利益相关者”的定义成为经典，即“利益相关者是能够影响组织目标的实现或能够被组织实现目标的过程影响的人”。利益相关者理论认为，在不同的管理领域，利益相关者均具有不同的类型，利益相关者对利益的追求是人类的本性，是一种正当的诉求，不应被抹杀。要实现管理的绩效和达成目标，必须根据行业领域和职业性质对利益相关者进行分类，了解各类相关者的利益诉求与价值选择，这是激发其内在活力的基础。基于公平的理念，各类利益相关者的利益必须予以平衡，避免利益主体地位的缺失。为此，对各类利益相关者的利益分配予以制度化成为必然选择，其核心精神为利益的平衡、共享、共建。我国研究者孙玫璐将职业教育利益相关者分为主要、重要和次要三大类型，指出各类型利益相关者在职业教育制度形成及变迁中发挥着不同作用，职业教育制度的效率依赖利益相关各方的合作，职业教育制度变迁过程也是利益相关者的博弈过程。姚树伟提出，只有从本质上剖析各种利益的平衡、分配，才能了解利益相关者之间进行各自价值选择、行为选择的根源，进而了解影响职业教育阻滞或进步的关键所在。

根据利益相关者理论，职业教育产教融合涉及众多的利益相关者，各类利益主体参与产教融合的根本动力来源于各自的利益追求和价值诉求的实现。在利益相关者理论指导下，职业教育深化产教融合首先要转变观念，必须把人们的利益诉求当作是正当的现象，必须深入分析职业教育产教融合涉及的利益相关者类型，承认和保护各类利益相关者的正当权益和价值诉求，分析各类利益相关者的态度并跟踪其参与情况，同时建立相关制度，创新相关机制。

五、工作本位学习理论

职业教育产教融合在微观层面体现为学校教学过程与企业生产过程的对接，即学做合一，体现为职业学校教师和企业师傅协同育人。如何实现这种对接，如何开展教师和师傅协同育人工作，工作本位学习（Work-based learning）理论提供了直接的理论指导。

工作本位学习是学徒制的主要学习形式，20 世纪 90 年代以来，随着人们重新认识到学徒制作为一种学习形式的价值，工作本位学习理论在西方兴起，特别是在高等教育和职业教育领域，工作本位学习在澳大利亚、美国、德国、英国以及其他欧洲国家的教育（主要是高等教育和职业教育）政策、理论和实践上均为高频词。20 世纪 80 年代中期，利维（Levy M.）及其同事系统探讨了职业教育领域的工作本位学习问题，把工作本位定义为“学习与工作角色相联系”的学习，确定了三个互相关联的要素：（1）精心安排的工作场所学习；（2）提供适切的在岗训练 / 学习机会；（3）确定与提供相关的脱产学习机会。西格雷福斯（Seagraves，L.）等人认为工作本位学习应从如下三方面来理解：（1）为了工作而学习（Learning for work），即职业导向；（2）在工作中学习（Learning at work），即在企业实施；（3）通过工作来学习（Learning through work），即把在岗位工作过程中所获得的技能和知识（也就是工作经验）应用于岗位相关的学习中。加拉赫（Gallacher，J.）和里夫（Reeve，F.）提出，理解工作本位学习的关键是要把握四个核心概念：合作关系（Partnership）、灵活性（Flexibility）、相关性（Relevance）、认证（Accreditation）。约翰·布伦南（John Brennan）和利特尔（Brenda Little）归纳了体验导向（Experience-led）的工作本位学习组织形式：短暂接触工作场所；短期工作场所学习计划；三明治式实习安排；轮流安排实习顺序；基于就业环境的学习课程；直接持证上岗（Immediately Post-Qualifying），继续专业发展。琳·布伦南（Lyn Brennan）认为，工作本位学习通过如下三个方面融入教育计划：就业能力，技能发展，工作场所知识的认知、创造和发展。她归纳了工作本位学习的特点：任务相关性，基于问题（或问题导向），技术革新性，兼具策略性与需求前瞻性，自动管理和自我调节，自我激励，基于团队，重视提升绩效（个人、企业或组织）。

职业教育深化产教融合过程中，校企协同育人离不开一个关键的学习场所——工作场所；工作本位学习是职业教育产教融合的必然选择（当然，这样表述，并不是要否定学校本位学习的重要性）。工作本位学习，重点放在“学”上，而不是“教”上，强调个体对实践过程的参与，是一项合作教育机会，经由工作本位学习，企业深度参与到职业教育人才培养过程中。总之，根据工作本位学习理论，职业教育产教融合要求产教双方，特别是职业学校教师和企业师傅，必须根据学生的学习目标，通力合作，一起精心安排学生在工作现场的学习计划和相关情境，创新相关机制（如在21世纪初，现代学徒制在世界职业教育领域的勃兴），共同实施育人计划。

总之，职业教育产教融合涉及产业、职业教育两大领域，有其自身特有的逻辑，其理论基础具有复杂性、多样性，并非单一或几个理论所能涵盖的，本节的探讨仅仅是一个尝试。

第五节　职业教育教材设计的三维理论

随着项目课程理念的深入实施，给职业教育提出了新的要求。由于职业教育的课堂性质趋于多样化，所以就要求相应的教材设计也必须要符合多样化特征，以确保可以达到最终的教育目标。但是传统的职业教材设计太过于单一，所以需要进行创新和优化。

教育的发展离不开教材，高质量的教材是提高教育水平的关键，特别是对于职业教育而言，对于教材的设计要求更高。但是就目前而言，我国职业教育教材质量并不高，主要是由于设计环节和出版监督环节出现问题，导致一些设计不达标的教材进入学校，严重影响了职业教育水平和质量。因此，如何设计和优化职业教育教材，就成为当下我国职业教育发展的关键，相关教育工作人员需要给予高度重视。

一、职业教育教材设计的三维理论构建思路

（一）职业维度

职业维度要求教材设计符合职业特征，相比其他教育，职业教育最本质的特征就是与职业相关联，所以对于教材的设计也必须体现出职业性。在进行教材设计时，除了要考虑职业课堂体系中岗位的设置外，还必须考虑岗位相关的理论知识，可见职业维度是职业教

育教材设计的首要维度。在实际的教材设计中，需要考虑项目和任务两个特征，其中任务是岗位设置中具有概括性的职责，而项目则可以具体到岗位的活动，不可单纯地以其中任何一个特征为中心进行教材设计，需要综合考虑。例如对于一些项目确定的课堂，可以直接依据项目进行教材设计；反之，对于一些项目难以确定的课程，则需要依据任务进行教材呈现。

（二）知识维度

知识维度是教材对于知识表述程度的有效体现，而知识作为教材的核心，其表达的有效性与否对于教学质量有着直接的影响。对于普通教育教材而言，其知识结构过于单一，仅仅是表达学科知识，体现在知识的难易程度上，所以这类教材是比较容易设计和处理的。但是相对于普通教育教材而言，职业教育教材就显得过于复杂。它除了包括理论知识结构外，还存在实践知识内容，如材料知识、设备机械相关知识以及经验知识等，这些都给教材设计造成了巨大压力。随着我国职业教育人才培养标准的不断提高，使得职业教育教材设计对于知识结构的考虑逐渐增多，所以为了确保知识结构符合职业教材设计标准和规范，需要严格遵循知识维度，这也是职业教材设计的第二个重要的维度。尽管目前很多教材开发者对于知识维度的重视度较高，但是仍然无法设计出高质量的教材，主要原因是对教材的定位不清晰，开发者没有理清应该选取和舍弃的知识内容，所以导致知识维度无法适应教材设计的标准。为了有效解决上述问题，通常将知识维度细化为三个水平，即理论知识水平、实践知识水平和经验知识水平，以确保教材设计符合相关标准和规范。

（三）学习维度

职业维度是描述职业教育教材的基本结构，知识维度是描述教材的内容体系，除了上述两方面内容外，职业教育教材设计还包括表达模式，由于表达模式受学习方式的影响，所以我们称其为学习维度，这就是职业教育教材设计的第三个维度。学习维度是职业教材革新和发展的关键，特别是随着教育事业的不断发展，教材设计呈多样化趋势，相应地也出现了大量的学习理论的研究成果，对于职业教育的发展有着重要的推动作用。换句话说，教材是通过不断的学习获得的，通常职业教育教材表达模式包括三个阶段，即叙述模式阶段、对话模式阶段和活动模式阶段，为更好地在职业教育教材设计中体现出学习维度，同样也将学习维度细化为三个水平，即叙述水平、对话水平以及活动水平。

二、基于三维理论的职业教育教材设计要点

（一）相关—理论—对话型教材设计

在该模式的设计中需要考虑以下几方面内容：第一，采取与职业相关的方式进行教材设计，以达到提高职业教学质量的最终目的，其中理论教材内容设计同样可以与职业教育

建立关系。例如，对于汽车构造原理这一课程，可以按照汽车检修逻辑进行教材内容的设计。第二，该模式的设计需要避开传统设计的局限，即摆脱传统学科知识体系的束缚，以培养学生的实践能力为目的进行教材设计。第三，该模式的设计需要采取与学习者对话的方式，引导学习者进行教材内容的学习，达到表达教材知识的最终目的。

（二）任务—实践—对话型教材设计

首先，教材设计需要表达出工作任务的相应标准和规范，然后根据标准和规范进行知识的表达，这些知识主要包括对象与结果、方法与过程等，教材开发者在进行教材设计时要注重几类知识的有效整合，可以采取嵌入式的方法进行知识的融合，同时也可以选择独立式的方法进行专门栏目的划分，以确保教材设计达到职业教育的标准；其次，这种教材不用过于详细地表述每个工作步骤的细节，尤其是没有必要反复地表述一些没有实质意义的工作步骤，但是要注意充分表述重要的技术知识，以提高教材的教育价值。

（三）任务—实践—活动型教材设计

首先，该模式的活动都是情境式的活动，活动要围绕细分后的小任务进行设计，否则会给表述带来很大困难；其次，该模式的活动尽管都是情境式的，但可以有意识地围绕完整的项目来设计活动，并把它们分配到工作任务中去，一本教材可围绕一个项目进行活动设计，也可围绕多个项目进行活动设计，这种设计方法会使活动具有整体性，这样在这种教材中项目成了教材展开的背景；再次，既然有活动设计，就必须对活动的结果及其要求进行清晰描述，使学习者明确地知道要求他做什么和学什么；最后，要把知识尽可能地融入活动过程中，避免形成知识与活动的“两张皮”现象，以便于“做中学”教学模式的有效实施。

相对于普通教育而言，职业教育注重理论与实践的结合，即需要培养学生的实践就业能力，所以这就给教材设计提出了更高的要求。传统的职业教育教材设计中由于知识结构过于单一，所以没有体现出职业教育的特征，因此需要进行创新和优化。而基于三维理论的职业教育教材设计，在职业维度、知识维度和学习维度三方面进行教材内容的设计，符合职业教育教材设计标准和规范，从而有效提高职业教育教学质量和水平。

第六节　“互联网 + 工匠精神”融入职业教育理论

工匠精神既贯穿于我国传统文化的发展过程，又具有不容忽视的时代价值，将工匠精神融入职业教育，对于实现与彰显工匠精神的时代价值具有重要意义。本节在对工匠精神融入职业教育的意义做出分析与论述的基础上，对“互联网 + 工匠精神”融入职业教育的路径进行研究与探讨，以期能够在推动工匠精神与职业教育实现深度融合的基础上，为职业教育持续发展以及学生成长成才提供保障。

一、工匠精神融入职业教育的意义

工匠精神是一种职业精神，是一种价值观体现，反映了从业者的道德内涵。“互联网 +”视域下的工匠精神，具有不同于传统意义上的时代特色，是一种与时俱进的体现。“互联网 +”视域下的工匠精神既包含传统意义上的工匠精神所具有的内涵，比如敬业、专注、刻苦等，也包含具有时代特色的新的意义，比如创新、突破、融合等。

工匠精神与职业教育的融合，对于培养新一代脚踏实地的社会人才具有重要意义。工匠精神在职业教育中的融入，对于职业教育发展以及学生成长成才同样具有特殊的含义。中共中央总书记、国家主席、中央军委主席习近平近日对我国技能选手在第 45 届世界技能大赛上取得佳绩做出重要指示。习近平强调，劳动者素质对一个国家、一个民族的发展至关重要。技术工人队伍是支撑中国制造、中国创造的重要基础，对推动经济高质量发展具有重要作用。要健全技能人才培养、使用、评价、激励制度，大力发展技工教育，大规模开展职业技能培训，加快培养大批高素质劳动者和技术技能人才。要在全社会弘扬精益求精的工匠精神，激励广大青年走技能成才、技能报国之路。

从职业教育的发展来看，工匠精神在职业教育中的融入，能够有效推动职业教育育人工作与社会发展中的人才要求实现有效对接，这对于强化职业教育所具有的社会服务功能、推动职业教育持续发展发挥着不容忽视的作用；从学生的成长成才来看，优秀的职业院校学生不仅需要具备扎实的专业理论知识、较高的专业实践能力，而且需要具备求新、守正的职业精神与追求完美、精益求精的职业态度，这既是社会发展对职业院校学生提出的重要要求，也是学生成长成才的内部需求。因此，重视将工匠精神融入职业教育，对于推动学生成长成才具有重要意义。

二、“互联网 + 工匠精神”融入职业教育的路径

工匠精神在职业教育中的融入，能够为职业教育的发展注入新的活力，同时也对职业教育提出了新的要求。为了能够确保工匠精神与职业教育实现深度融合，职业院校有必要做好以下几项工作。

（一）革新职业教学理念

工匠精神在职业教育中的融入，要求教学工作者能够理解工匠精神的内涵、价值，并提升对工匠精神培育工作的重视程度、探索工匠精神的培育路径，从而为工匠精神与职业教育的深度融合奠定良好基础。在此过程中，首先，教学工作者需要转变传统的思维定式，将素质教育、德育教育放在与专业教育、技术教育同等重要的地位，将推动学生专业素养与工匠精神的协同提升纳入职业教育目标体系；其次，教学工作者需要在教学构成中体现

出对学生主体性的尊重，重视引导学生树立正确的职业价值观，依托价值观教育以及教学管理等工作，确保学生具备良好的职业道德与职业意识，从而适应社会岗位要求。在“互联网+”时代，职业院校需要重视发挥出互联网在推动教学理念革新中的作用，一方面，职业院校需要重视依托互联网平台开展教师培训工作，在提升教师培训效率的基础上，确保教师能够认识到工匠精神培育工作对于职业教育发展乃至社会发展所具有的重要意义；另一方面，职业院校需要对互联网平台中与职业教育工匠精神培育工作相关的政策、研究成果等进行整合，从而为教师革新自身教学观念、提升自身工匠精神培育能力提供资源支撑。

（二）构建网络教育平台

为了推进工匠精神在职业教育中的融入，职业院校不仅需要发挥出网络平台在引领教学工作者革新职业教育理念方面的作用，而且有必要依托网络平台开展工匠精神培育工作实践，从而为工匠精神在职业教育中融入效果的提升提供良好保障。在此过程中，职业院校以及教育工作者既需要重视教学内容的丰富、教育范围的拓展，也需要重视教育手法的更新与教育吸引力的提升。为此，职业院校以及教育工作者需要重视为工匠精神培育工作挖掘更为丰富、更具吸引力的资源，并重视推动工匠精神培育平台从课堂向网络阵地扩展。具体而言，一方面，职业院校有必要依托互联网构建工匠精神宣传教育平台。如职业院校可以围绕工匠精神这一主题构建网站，网站内容则以阐释工匠精神、宣传工匠精神案例、展现工匠精神与职业教育之间的紧密关联、呈现职业院校工匠精神培育工作成果，从而促使职业院校师生能够深化对工匠精神的了解并激发学生培养与强化自身工匠精神的自觉性。另一方面，职业院校有必要依托互联网构建工匠精神践行平台。如职业院校可以依托网站、新媒体等，组织学生多元化的工匠精神践行活动，从而在工匠精神培育工作中实现理论与实践的统一，进而促使学生完成对工匠精神的内化。

（三）打造联动教育格局

工匠精神在职业教育中的融入成效，主要反映为职业院校学生工匠精神的培育效果，而事实上，虽然职业院校在学生工匠精神培育中发挥着主导作用，但是家庭与社会在职业院校学生工匠精神培育中的作用也不容忽视。从家庭方面来看，深厚的家庭文化底蕴、和谐的家庭环境与成员关系、家长的示范作用以及家长与学生之间的沟通等，都影响着学生对工匠精神的认知与内化；从社会方面来看，社会对职业院校学生职业道德水平所具有的期待、社区在工匠精神培育中的作为等，也同样影响着职业院校学生工匠精神的培育成效。由此可见，构建职业院校、家庭与社会的联动教育格局，对于推动工匠精神在职业教育中的有效融入具有重要意义。在此过程中，互联网能够发挥不容忽视的作用，以职业院校与家庭之间的沟通为例，在传统的育人模式中，职业院校与家庭之间的沟通十分有限，而通过依托互联网构建联动教育格局，家庭能够通过与职业院校开展广泛沟通来了解学生工匠精神培育效果，从而更好地配合职业院校开展工匠精神培育工作，而职业院校也可以通过与家庭开展交流来引导家庭成员掌握工匠精神培育规律与培养方法，从而更能充分地发挥家庭在培育学生工匠精神中的作用。

综上所述，推动工匠精神在职业教育中的融入、提升职业院校工匠精神的培育成效，对于职业教育发展以及学生成长成才具有重要意义。为此，在互联网环境下，职业院校有必要依托互联网来引导教育工作者革新育人理念、构建网络教育平台并打造联动教育格局，从而为工匠精神在职业教育中的有效融入提供保障。

第二章　新时代职业教育高质量发展的理论模式

第一节　杜威职业教育理论

约翰·杜威（John Dewey）的职业教育思想是其整个教育理论体系的重要组成部分，并且一直深受国外学者的关注。国外学者对杜威职业教育思想的研究主要基于普职融合、民主主义、认识论和实践论四个方面，从职业教育促进社会阶层流动、提升劳工素质，以提升能力为主的课程观、情景化的教学观、以引导为主的教师观以及“做中学”“经验的改造”等方面进行了研究，体现出内容全面、形式多样等特点。杜威职业教育思想具有深远的时代意义和实践价值，与新时代我国职业教育强调搭建普职融合框架、深化产教融合层次、构建终身职业技能培训体系、注重学生的个性化培养等方面的现实性发展要求不谋而合，为我国新时代职业教育的发展提供了可靠的理论参考和实践借鉴。

杜威是美国著名的民主主义哲学家和教育家，其所处的时代正值美国由农业社会向工业社会转型的变革时期，经济迅猛发展，工业化进程不断推进，传统的职业培训规模与模式已经无法满足经济发展的需求，因而关于职业教育的各方面问题引起了美国社会各界的关注，并引发了一场持续十七年之久的职业教育大辩论。杜威在这场辩论中坚持自由教育与职业教育融合的观点，从职业教育内涵、职业教育价值、职业教育课程等方面清晰地提出了自己的职业教育观，并在《民主主义与教育》《明日之学校》等著作中对职业教育问题进行了系统阐述。基于此，杜威深刻的职业教育思想引发了学者的强烈关注和深入探究，国外学者对其职业教育思想的研究主要集中在普职融合、劳工教育、课程观、教学观、教师观等方面，全面展现了杜威职业教育思想的内容，凸显出其职业教育思想的生机与活力，彰显了杜威作为一位民主主义教育者在职业教育方面的远见卓识。

一、基于普职融合的杜威职业教育思想研究

普职融合是杜威职业教育思想中的基础内容，杜威敏锐地意识到在工业发展的后期，社会所需要的将不仅仅是单纯的学术人才或纯粹的技术人才，脱离学生未来工作实际的普

通教育和针对具体工作的狭隘的技能培训将不能培养出社会所需要的全面发展的人才，因而提出了将人文教育（普通教育）与职业教育进行整合的观点。针对这一观点，学者们从职业教育内涵及其价值方面对杜威职业教育思想进行了深入的研究。

（一）关于杜威职业教育内涵的研究

狭义的职业教育将具体职业视为教育的目标，单纯地进行职业技能训练，这种职业教育模式只符合工业化社会的前期发展需求，无法适应社会长期发展对人才的培养要求，基于这一前瞻性的见解，杜威反对狭义的职业教育。特瑞·海兰德（Terry Hyland）阐释了杜威提出的反对狭义职业教育的两个主要观点，当教育者将职业视为教育目的时，教育的开展和职业的选择之间会出现僵化分离的关系，进而阻碍两者的长远发展；忽视普通教育而进行的窄化的技能培训永远无法满足工业社会的发展需求。纳撒尼尔·巴特勒（Nathanile Butler）在两种职业观的分析中论述了杜威关于狭义的职业教育观念中存在教育劣势的观点：第一，这一概念注重分工或双重制；第二，职业教育的目的不是通过培养人才来重建当代产业，不能只进行单纯的职业技能培训；第三，在这个狭隘的人才培训计划中，课程设计将忽略一般的历史学习和社会学习，使未来的工作者无法意识到他们作为公民的合法权利。詹姆斯·H. 亚当斯和娜塔莉·G. 亚当斯（James H.Adams and Natalie G.Adams）认为职业教育已经从戴维·史奈登（David Snedden）对其目标的狭隘定义（为工作做好准备）中脱离出来，职业教育的发展更倾向于与杜威的职业教育观点相契合，将职业教育融入学术与职业之间，在现实世界中进行亲身体验式学习。

同时，研究者也深入探究了杜威职业教育思想中普职融合的职业教育内涵，杜威和亚当斯希望学术教育和职业教育能够拥有同等地位，相互沟通，而不是互相取代。杜威认为科学和历史可以经过精心的策划和监督自然而然地引入工业培训中，彰显其现实价值；同时，他还认为手工、工业和社会活动是振兴普通教育，并使之与当代生活现实产生联系的重要手段。朱迪·惠普斯（Judy Whipps）在技术教育与学术教育的关系研究中提到杜威普职融合的观点，工作的顺利开展需要理论的支撑，职业教育中“有用的”学习不再仅仅是指纯粹的职业技能获得，还包括对与工作有关的基本科学知识的广泛猎取。海德格尔、杜威、奥克肖特、阿伦特、波拉尼和凯兴斯泰纳（Heidegger，Dewey，Oakeshott，Arendt，Polanyi，Kerschensteiner）均保持支持教育整合，即实践知识与学科相结合的共同立场，把职业培训与普通教育联系起来。

（二）关于杜威普职融合价值的研究

杜威认为普职融合能够带来一定的社会价值，将职业技能与所有儿童的教育结合起来，可以成为一个改善社会所需的大平衡器。亚瑟·G. 维尔斯（Arthur G.Wirth）曾在专著中写道，杜威对学习的观点（与二元认识论的传统相对立）奠定了重视手脑并用的民主社会的基础，杜威认为美国学校中学术和职业教育的整合与科技文明的发展直接相关，而学术和职业整合的行为包含一些特殊的意味，包括用微妙的方式展现制度层面隐性的不公正现象，使人们认识到目前理论知识不能直接应用于实践的现实，并意识到革新教学方法的必要性。而史奈登博士基于当时的工业化背景提出了与杜威相反的观点，在普职分离的基础上，职业教育应培养针对某一职业的专门技术人才，以提高社会生产效率，认为职业教育与普通教育相分离可以使教育获得“更广泛、更丰富、更有效”的成果。查尔斯·普罗瑟（Charles Prosser）也在支持社会效率论的基础上，对杜威的普职融合观点提出质疑，认为普职融合不利于提高社会生产效率，工业社会的发展需要大量熟练的技术工人，职业教育应该以职业为目的，为某一职业培养专门人才。同时，杜威认为普职融合有利于发展个人能力。马西亚·布隆迪（Marcia Braundy）在解释杜威如何将学术和职业进行融合以促进社会活动顺利开展的研究中提出，含有职业知识和具有社会意义的教育是符合现实发展的教育；进行科学技术培训，为工作中的材料运用和机械操作方法提供理论指导，可以提升劳动者自主完成任务的能力；学习经济学、公民学、政治学等方面的知识，使未来的工作者在接触现实中的问题时，能够提出相应的解决方法。最重要的是，它将使个人获得适应社会变化的能力，使未来的工作者不会茫然地对待社会发展带来的影响。

二、基于民主主义的杜威职业教育思想研究

人人利益共享，人人互爱互赖，能够平等自由交往，协力维持社会繁荣进步的民主主义社会是杜威的理想国，而教育民主是社会民主的重要体现，须通过教育来改造社会。因此，杜威在《民主主义与教育》一书中力图分析和陈述民主主义社会所蕴含的理想，并应用这些理想来谈论教育问题。他认为教育要促进儿童的发展，促进社会的民主和谐，职业教育作为教育事业的重要组成部分，能够帮助人们认识到自己与社会的联系，并使其为构建民主社会而不懈奋斗。社会阶层固化、劳动者没有参与社会建设的基本政治权利，都不利于民主社会的建立；而职业教育可以促进社会流动，提高劳动者素质，使处于社会不利地位的劳动者能够把握自己的命运，拥有与其他公民平等的权利和机会。

（一）社会分层和流动与杜威职业教育思想的研究

理查德·J. 贝克尔（Richard J.Becker）指出，杜威把现代工业看作是民主的敌人，因为它倾向于把人们分为不同的阶级；而杜威最担心的是一种永远无法根除的阶级结构的固化。

为了防止社会阶层固化的结果出现，杜威认为首先需要运用职业教育培养出素质良好的公民。艾伦·瑟沃（Alan Cywar）认同杜威关于职业教育课程内容设计的观点，即要求职业教育课程内容的设计不能使学生在 18 岁或 20 岁之前完成，受教育期限的延长将有助于从劳动力市场中消除受教育程度在高中以下的劳动力，提升劳动力市场劳动者的素质，更重要的是，可以利用延长的受教育时间为学生提供更多的知识，使他们在成为熟练技术工人的同时成为一个负责任的公民。同时，他还指出社会阶层分化加剧，民主主义很快就

会被抹杀。因此，工业教育的任务是为了实现社会的进步，而不是延续和巩固社会的阶级分化。亚当斯和娜塔莉在杜威与史奈登的对比研究中认为，杜威主要批评的是史奈登职业教育哲学的反民主性，因为它把学生禁锢于狭隘的经济角色中，限制其进行社会阶层流动，史奈登的观点虽然符合工业发展的需要，却无法充分释放每个学生的个人潜能，使之成为一个高素质公民。

其次，职业教育能够打破阶级固化的社会现状，促进社会流动，保障公民参与政治的基本权利。根据杜威的民主教育思想，高等技术学校不应该依据社会经济地位或学习能力对学生进行区别对待，需要尽力为不同的学生提供相同的学习机会，而不是把他们分开教育。而高等技术学校的实践在一定程度上反映了杜威的观点，即学校有能力联结而不是分裂学生与社会的关系，不是通过学校课程复制社会阶层。学生在职业学校培养的民主观念，可以帮助其形成在未来的社会生活中自主把握命运的意识，实现对民主社会的构建。理查德·莱克斯（Richard Lakes）在分析杜威职业教育促进社会流动的观点中提出，职业教育是保证所有公民有权参与产业政策决策的最好方式，是实现公民参与政治的重要途径。

（二）劳工教育与杜威职业教育思想的研究

民主社会强调人人平等、自由交往，而美国工业化社会初期过于强调社会生产效率，劳工被视为为资产阶级创造价值的工具，且强调其对维持社会既定秩序的责任和对国家的盲目拥戴，而这却被认为是给劳动者的一个很大的特权，其实是在捍卫工人自己很少或没有权利参与的事情，人类争取自由的斗争尚未胜利，劳动者有义务积极参与斗争。其获取斗争胜利的前提就是通过职业教育提高劳动者自身素质和能力，使劳动者作为社会的重要组成部分充分参与民主社会的构建，获得其应有的工人权利。

工人只有在权利得到认可和运用的时候，才能在社会既定的秩序中提高自己的参与程度，才能意识到自己拥有的力量。因此，只有认真积极地发展职业教育事业，使劳动者都成为把握自己命运的主人，才能够实现机会的平等。杜威反对把职业教育看作是没有更高层次的培训，认为职业教育应该提供更高层次的培训充分发展劳动者的主动性、创造性和执行能力，使工人尽可能地成为自己命运的主人，因而杜威感兴趣的那种职业教育，并不是使工人适应现有的工业制度的职业教育，而是使工人拥有自主性的职业教育。在战争的过程中，杜威的劳动思想变得越来越激进。瑟沃指出，杜威作为一个具有强大影响力的知识分子和政治代理人，提倡工人与其他公民一样拥有平等的社会地位，并认为实现这一理想最重要的就是提高工人的素质，杜威所提倡的工业教育计划，是为了培养工人阶级能够直面社会实际问题并且积极解决问题的能力和强烈的社会责任意识。但随着《史密斯休斯法案》的颁布，杜威的职业教育思想被社会的工业化浪潮所淹没。在实践中，他的劳工教育思想没有得到广泛应用，而是遵从了史奈登、普罗泽的职业教育思想，使职业培训带有固化的目的性，没有过多关注工人自身的权益。

三、基于认识论的杜威职业教育思想研究

杜威在《学校与社会》《民主主义与教育》等著作中对职业教育课程、教师、教学方法提出了自己独到的见解，强调课程内容设计要注重实用性，遵循个性化原则，重视学生能力的提升，而不是单纯地为某一固定的职业做准备。教学过程中需要积极培养学生的社会意识，采用模拟的教学方法，使教学与现实世界相联系。教师应具备一定的职业教育理论基础，积极主动地与学生互动，从而可以从学生的兴趣和经验出发设计出良好的学习环境，促进学生学习。因而，从认识论的角度出发，研究者对其职业教育思想的研究主要集中在课程观、教学观和教师观三个方面。

（一）杜威职业教育课程观研究

课程安排应以能力提升为基础，体现其实用性，而不是安排特定的职业课程为固定的职业做准备。正如托泽尔和纳尔逊所指出的，杜威职业教育的主要目标，不是为特定职业准备人才，而是为了受教育者知识和道德的增长。安东尼·德法尔科（Anthony Defalco）在分析杜威职业教育观时同样提出，职业在课程建设中必须具有相当重要的地位，必须成为课程的中心。在学校里，职业不是为了赚钱，而是为了促进学生自身的成长。但杜威并不反对将实用性的内容纳入职业教育课程体系，因为杜威本人在“学校与社会”中曾提倡以职业为基础的课程。但是，杜威将职业纳入学校教育并不意味着将其当作一种教育目的（特定的工作训练），而是作为达到目的的一种手段。而史奈登的职业教育课程目标与杜威恰恰相反，西奥多·路易斯（Theodore Lewis）指出，杜威对史奈登在20世纪初期就美国公共教育所提出的思想进行了强烈的抨击，这个思想从职业教育的“社会效率”角度出发，为学生提供特定的职业角色，设计特定的职业课程。哈维·坎特（Harvey Kantor）同样从杜威对史奈登的批判角度出发，认为史奈登鉴于分工和生产的机械化，提出的具体的工业技能培训课程安排是毫无意义的。劳动者所需要的是培训不是为了特定的工作，而是为了发展其主动性、创造性和行政能力。

职业教育课程内容的安排需要遵循个性化原则，同时也需要为学生适应社会发展做准备，使未来的工作者不会过分受命运的束缚。詹妮弗·R. 皮尔瑞特（Jennifer R.Pieratt）认定个性化原则应成为高等技术院校进行课程建设所要遵循的基本原则之一，因为这一原则能够解决杜威的担忧，这一原则要求学校必须为学生提供真正符合他们个人需求的课程和学习环境。有学者研究发现，由于杜威缺乏对效率和系统的关注，虽然个性化课程在教学过程中已取得一些新进展，但从总体上来讲，这种进步非常缓慢。在杜威、怀特黑德（Whitehead）和沃诺克（Warnock）那里，我们看到拒绝柏拉图主义僵化的知识本质的概念以及对狭义的职业教育概念。对于他们来说，工业文化确实可以成为职业学校知识的来源，学校也可以为学生未来特定的工作世界做好准备，但在自由教育与职业教育相分离的状态下构建的学校课程范本会随着社会的发展逐渐被淘汰。路易斯强调，为了接近杜威的

理想，我们必须将职业知识视为学校必教的知识，这些知识不应该被边缘化，而应该接近于学校课程设计的核心，这种职业知识并不是为某一特定的职业做准备，而是以一种宽泛的职业知识为学生未来所从事的职业做铺垫。

（二）杜威职业教育教学观研究

杜威的职业教育教学观体现出职业是一种教学方法，而职业教育则是用来讨论和解决工人在民主社会中所遇到的政治问题的工具。因此，职业教育的教学与学生社会意识的发展之间存在着密不可分的关系。德法尔科重点论述了杜威的观点，即职业必须承认孩子的运动本能，通过教学使孩子能够意识到自己所拥有的权利，意识到他们自身的社会价值。理查德·莱克斯（Richard Lakes）指出，杜威希望职业摆脱经济压力，职业教育的教学目标是发展社会力量和受教育者的洞察力。大卫·汉森（David T.Hansen）认同杜威的观点并补充到，重建学校的课程，通过教学支持学生和现实世界之间的深度互动，将使青年人能够了解一段时间内世界各地的人们与知识相联系的方式和途径，进而增强其社会意识的培养。

为了使教学与现实社会相联系，杜威提出了模拟教学的方法。路易斯从杜威比较认同的教学方法出发，提出学校是远离实际的工作场所，因而学校需要依据实际工作情况和学生的需要模拟现实的工作场景。根据梅约（Mayhew）和爱德华兹（Edwards）的观点，杜威想要一种积极的工作和玩耍的态度，而不是一种机械化的模拟：以积极的工作和娱乐的态度代替传统职业教育中纯粹的技能训练，这种教学模式比传统职业教育教学模式更具有主动性、发现性和独立传播知识的自由性。詹姆士·巴勒莫（James Palermo）继续指出："这种教学方式的一个关键要素就是回归过去，在这个过程中，孩子们可以将储存于记忆中的农业家庭中的成人职业经验模拟为民主的生活模式。然而，职业教育教学过程中仅仅模拟现实、参与游戏、学习工作知识和手动练习是不够的，要意识到工作不仅涉及技能的掌握，还涉及目标的认识和手段的调整。"

（三）杜威职业教育教师观研究

职业教师作为课堂内容设计的主体应具备一定的理论知识基础，充分考虑学生的兴趣，将知识与经验进行整合。吉姆·格瑞森（Jim Garrison）认为，杜威所说的关于自由教育和职业教育的内容很容易延伸到教育者身上，通常假定教师从事教育实践，而其他的社会成员，如政府官员、大学教授和教育研究人员则需要为教师提供他们实践的理论基础和发展方向。德法尔科在对杜威教师观的探讨中指出，教师应该能够理解和应用职业教育概念，并运用最新的心理学研究成果来指导自身的思想和组织教学活动，职业教育工作者不应该把注意力集中在考试成绩和死记硬背上，而是关注如何丰富孩子日常生活的经验。而且教育工作者必须明白，职业方法不仅是令学习者更加愉快地参与学习的一种方式，同时也是具有实际意义的交际方式，因为它为学生提供了一种参与现实生活的途径。此外，从杜威的教师观出发，教师必须从学生的兴趣出发，找到创造有意义的学习体验的方法，将学到的知识与学生的经验联系起来。而职业教育教师在设计课程时具有很大的灵活性，使他们能够整合学生的兴趣和有意义的学习经验，使其得以发展。

职业教育教师应积极主动地与学生互动，深入了解学生，成为促进学生学习的良好教育环境的设计者。皮尔瑞特认为高等技术学校的结构能够很好地适应杜威提到的这种积极主动的师生互动类型，教师的角色不是被动的，而应该是主动与学生不断积极交往的角色之一。教师有责任深入了解孩子，以促进孩子进行有效的学习。高等技术院校教师普遍期望的是，创造良好的学习环境，营造一种培养学生乐于冒险、敢于发问和勇于挑战自我的学习氛围。杜威曾补充说，“教育者的主要责任是不仅要意识到设置环境帮助受教育者形成学习经验的一般原则，而且还要具体认识到什么样的环境更有利于受教育者经验的增长”。马尔科姆·托尔布恩（Malcolm Thorburn）表明威廉·维特（William Wirt）作为加里学校的管理者，杜威的观点深刻地影响着其教育思想的发展。在学校管理过程中，他推崇采取普职融合教学形式，提出只要老师能够巧妙地设计教学场景，并掌握在教学上利用受教育者已有经验的方法，就可以增加综合化学习的可能性，帮助受教育者充分地表达自我，进而实现教学目标。

此外，杜威还由于强调职业院校教师的角色而受到批评，因为他最终认为教师必须负责创造和改革学校所需的有意义的学习经历。根据批评家戴安·拉维奇（Diane Ravitch）的说法，设计个性化课程，整合职业技能和培养担负改革社会责任的学生，这些目标仅仅依靠教师个人力量是难以实现的。

四、基于实践论的杜威职业教育思想研究

“做中学”的职业教育理念强调在实际操作中使学生获得职业生活必备的知识和技能，基于原有的生活经验，在实践中不断地改造经验以形成新的经验，与实际生活紧密联系，引发学生兴趣，快速构建新的经验。

（一）“做中学”与杜威职业教育思想的研究

职业是实现做中学的工具，受教育者在职业训练中，基于自身原有经验不断地发现和解决问题，从而获得实用性知识，提升其与职业直接相关的能力。莱克斯根据杜威的早期职业观指出，学生需要在实践中学习，而这种做法必须集中在学生已有的经验基础上，并且需使用职业作为学习各种学科的工具，在解决职业问题的过程中不断学习。罗伯特·B. 威斯布鲁克（Robert B.Westbrook）在分析杜威在实验学校的报告时，强调了做中学的重要性，认为只有当孩子认识到他们需要解决在职业活动中遇到的问题时，他们才开始在解决问题的实践过程中学习阅读等技能。因此，教育就必须根植于杜威所谓的“职业”的有意义的工作中：在国内纺织、锯木厂、磨坊、铜匠铺和铁匠铺的不断运转中开展学习活动，且学习必须与个人的发展直接相关，因而学习建立在既真实又完全可用的社会实践基础之上。

“做中学”是杜威职业教育思想的一部分，在实践中学习既有利于知识技能的获得又能够调动学生学习的积极性。杜威认为受教育者天生就有一种要做事和要工作的愿望，对活动具有强烈的兴趣，能够主动参与实践，杜威希望发挥学生的天性，因而提倡采取做中学的教育形式。菲利普・戈侬（Philipp Gonon）充分肯定了杜威做中学的观点，认为职业培训不仅仅是学习如何使用工具的问题，具体的行动也是一个重要的教学工具。唐纳德・杰纳瑞斯（Donald Generals）从布克・T. 华盛顿（Booker T.Washing）与杜威的教育思想的相似之处出发，评论了在实践中学习的必要性，认为在实际参与建筑物建造的过程中，各级各类教育同时发生，使工作和学习与社会环境直接相关，发展其技术技能。同时，基于普职融合的观念，杜威和亚当斯都关注理论与实践的衔接，希望学生能够积极主动地采取具体行动解决生活中出现的问题，而不再像被动的容器一样等待灌输。

（二）“经验的改造”与杜威职业教育思想的研究

“经验的改造”必须基于学生原有的经验，根据杜威的观点，社会的发展要求职业教育必须引进手工业学科的内容，但在教学时应该以孩子在家庭和社会生活中所获得的经验为基础，产生新经验，以发展其与社会的联系。在雅克・马里坦（Jacques Maritain）和杜威的对比研究中，杜威反对马里坦运用外在力量，直接灌输给孩子知识的观点。他认为应该基于儿童的原有经验，循序渐进地对其进行一般性的职业教育，制作是孩子上学初级阶段应进行的活动，这些活动将儿童从家庭带入更大的社会。在学校，孩子可能会参与扫地、浇水、摆放午餐、购物等一系列生活化的活动，通过这样的方式，学生熟悉的家庭和家庭活动会渗透到学校的训练中，在不直接打破孩子原有经验的基础上，充分利用孩子在家庭中积累的经验，采取生活职业教育的形式进行培训。同时，惠普斯也从正面评价了杜威和亚当斯的教育目标，分析了生活职业教育可以弥合理论与经验的鸿沟，可以使人们意识到他们所接受的教育的广泛性，但无论从文学中获得见解，还是在实践中获得发展，起点都是他们自己原有的经验。

此外，所有的经验都是一种认识的模式，所有的一切，原则上都要经过细化和改造，直到其所呈现的特征与其科学定义相一致，最终使改造后的经验与现实世界产生直接联系，其中职业经验的改造与职业教育的联系最为密切。德法尔科通过解读杜威的观点提出，实物教育不能代替经验，必须与职业经验相联系、与现实世界相关联。因而杜威在其实验室学校采用的“职业”的教学方法，不是单纯地组织孩子进行娱乐活动，而是对生活的“模拟”。对于学生来说，这是一个根据他们已有经验启动新经验的过程。而且行动是进行职业教育的最好方式，可以帮助学生获得新的经验，有学者通过分析杜威的观点提出，行动是我们与世界产生联系并获得知识的手段，一方面，主体有权反思经验，并利用这种反思演变出新的行为方式，从而推动经验向前发展。另一方面，通过行动，主体可以在经验中创造新的互动点。

五、杜威职业教育思想对新时代我国职业教育的启示

进入新时代以来，党中央、国务院更加重视职业教育的全方位发展，一系列的发展措施被提上日程，有力地推动了职业教育的蓬勃发展，突出了职业教育在我国教育体系中的重要地位。而杜威的普职融合、理论与实践相结合、终身职业教育、注重学生的兴趣等职业教育思想对新时代我国职业教育一系列发展措施的提出具有重要的启示意义。

（一）搭建普职融合框架

随着科技的高速发展，社会生产力的不断提高，体力劳动与脑力劳动的分化日益加剧，职业教育与普通教育之间的距离越来越大，形成了普通教育为升学做准备，职业教育为就业做准备的固定格局，两种教育带来的社会地位和收入的差距决定了职业教育面临着更大的挑战，杜威在一百多年前提出的普职融合成为职业教育顺应时代发展的必然选择。普职融合体现在职业教育过程的方方面面，课程是实现普职融合的基本平台，教学是实现普职融合的基本途径，教师是实现普职融合的关键主体。普职融合框架的搭建有利于职业教育发展的顺利推进，形成普职融合大格局有利于营造职业教育繁荣发展的大环境。目前，我国急需解决从横向和纵向两个维度搭建普职融合框架的问题。从纵向来看，可以建构普职融合的现代职业教育体系，在现有中职、高职、应用技术本科、专业学位研究生的培养体系中考虑各个阶段需要融入的知识类型和比例，在中职、高职阶段学校应注重加强基础学科的融入，在应用技术本科和专业学位研究生阶段应注重加强培养学生的专业理论学习和实践动手能力，将普职融合的理念融入整个职业教育人才培养体系，并将其落到实处。从横向来看，可以建立普通院校与职业院校的资源共享平台，实现普通教育与职业教育的有机融通，普通院校和职业院校可以共同商议课程的设计，使各自的课程在更偏重自身教育类型的同时兼顾普职融合理念在其中的应用，职业院校可以举办职业体验开放日，使普通院校的学生有机会进入职业院校进行职业体验。构建互动、互联的普职融合框架是明确、落实普职融合发展理念的关键，是实现职业教育繁荣发展的重要推动力量。

（二）深化产教融合层次

产教融合理论是研究职业教育系统与产业系统关系的理论，是分析职业教育活动目的、方式、标准、内容来源的方法论体系，为产教双方共同构建职业教育教学模式、制度和机制，开展职业人才培养实践提供了基础。在杜威的职业教育思想中十分强调职业教育与产业、企业、社会相联系的重要性，含有产教融合的理论因子，而国务院于 2017 年 12 月出台的《关于深化产教融合的若干意见》中强调企业的重要主体作用与其职业教育思想有一定的耦合度，企业是学生体验职业的现实场所，反映职业的真实场景，是职业院校学生与社会产生联系的重要桥梁。同时，产教融合、校企合作的发展具有层次性，初级的层次在于物质层面的共享，更深的层次在于合作体制机制的设计和落实，最终的层次应落于精神文化方面的互通互融。物质层面的共享发展已经取得了阶段性的成果，体制机制的设计和

落实正在积极推进，精神文化层面的互通互融仍然有所欠缺。在物质层面，我国采取集团化办学、职业院校混合所有制等措施，推动产业、企业与职业教育在物质资源上的充分合作；在体制机制的设计与落实层面，建立健全《校企合作章程》《校企合作知识产权管理规定》《财务管理制度》《考试管理制度》等相关的管理规范，并且通过校企二级学院管理体制促进职业院校与企业产业的沟通与联系；在精神文化层面，目前较多涉及的是校企双方共同参与课程的设计，专业性较强，对于精神文化渗入课程的关注度较低。牢牢抓住和把握深化产教融合的层次性和规律性，才能使职业院校的学生全方位、多层次地感受到与职业、社会相联系的真实性。

（三）构建终身职业技能培训体系

杜威认为职业教育不应该将具体的职业视为其教育的目标，进行简单的职业培训。针对某一种职业培养学生的能力，只能短暂地适应社会发展的需要，最终可能会被社会发展的浪潮所淹没和淘汰。他认为职业教育应培养学生长期适应社会发展的能力，培养其不断学习的能力。这一职业教育思想为我们今天构建终身职业技能培训体系带来了重要启示，且目前我国正在积极地推动终身职业技能培训体系的建构，党的十九大报告提出了“完善职业教育和培训体系”的要求，国务院紧随其后颁布的《关于推行终身职业技能培训制度的意见》是对党的十九大报告中关于职业教育体系建构战略部署的落实。意见提出，构建终身职业培训体系要从完善终身职业技能培训政策和组织实施体系，围绕就业创业重点群体广泛开展就业技能培训，全面加强企业职工岗位技能提升培训，着力加强高技能人才培训，大力推进创业创新培训，强化工匠精神和职业素质培育等几方面着力进行。近年来，我国经济发展正处于转型期，为适应经济发展的新常态，我国逐渐将人口红利转化为人才资源，充分发挥了企业在职业教育人才培养中的作用。虽然在职业技能培训方面取得了一定的成就和发展，但仍然存在技能人才的发展与社会需求的矛盾，技能人才为适应社会职业的飞速发展就必须不断地增加自己的专业知识、强化自身的专业能力，接受终身性的职业培训，而终身职业技能培训体系的建立能为他们提供提高自身能力的机会，从政府政策的支持、就业创业能力的提升、职业素养的提高等各个方面全方位地构建终身职业技能培训体系，为人们的就业、转业和创业提供长久的可能性。

（四）注重学生的个性化培养

我国正处于全面建成小康社会的决胜阶段、经济转型发展的关键期，急需培养复合型人才推动社会的发展。因而，职业院校培养的复合型人才不仅要技术技能突出，也要注重其个性的和谐发展。现阶段，我国职业院校大多追求片面的速度和效率，导致无论从课程安排还是从教学过程方面都存在过分强调共性，压抑个性的不足，学生在学习过程中表现出极大的依赖性和被动性。但每个学生都有自己的独特性，在人才培养的过程中，需要关注每个学生的独特之处，结合特色化教育，充分挖掘每一个学生的潜力，得到最优化的教育结果。在其他职业教育发展较好的国家，他们的职业教育将注重发展学生个性展现得淋漓尽致，设计出技能模块组合课程（MES）、矩阵能力模块课程（CBE）等不同的课程类型。在不同类型的课程中，学生拥有自主选择的权利，充分尊重学生的个性化选择，为他们提供个性化的发展环境。其他国家的优秀经验我们不能照搬照抄，但我们可以在吸收借鉴的基础上创造出适合自己国家的职业教育发展道路。因而，我国在职业教育实践中也做出了相应的调整和探索，创造出“宽基础、活模块”的集群式模块课程，将职业教育课程的开发分成两个阶段，“宽基础”阶段课程开发的步骤：初步界定职业、通性分析、确定“基础”的“宽”度和“深”度；“活模块”阶段课程开发的步骤：职业分析、设计模块、选择模块。在基础牢固的基础上，学生可以根据自己的兴趣和经验灵活地选择自己所需要的课程，允许学生在一定程度上获得自由个性的发展。

第二节　陶行知职业教育理论

陶行知从职业教育的目的、作用、师资、课程、职业准备、学生等几个方面进行阐述，深刻探讨了职业教育相关内容，全面了解职业教育，从而为推进和发展职业教育奠定了基础。在重视和大力发展我国职业教育的今天，我们需要审视陶行知职业教育思想，充分吸收其职教思想的精髓，从而采取对策来大力发展我国的职业教育。

陶行知（1891—1946），是中国历史上伟大的人民教育家，是中国教育改革的先锋，他倡导生活教育，提倡平民教育，推进师范教育，发展职业教育，为中国教育事业做出了巨大的不可替代的贡献。他的教育思想非常丰富，他的教育理论与教育实践涉及多个教育领域，其中职业教育是其教育思想的一个重要内容。陶行知从职业教育的目的、职业教育的作用、职业教育的师资、职业教育的课程、职业教育的职业准备、职业教育的学生等几个方面进行阐述，深刻地探讨了职业教育相关内容，全面了解职业教育，从而为推进和发展职业教育奠定了基础。近些年来，国际组织、区域性机构和各国都认识到发展职业教育对推动社会经济发展以及就业增长的重要作用，纷纷把发展和改革职业教育作为规划21世纪教育和培训体系的重要部分。无独有偶，在我国，“要把发展职业教育放在更加突出的位置，使教育真正成为面向全社会的教育，这是一项重大变革和历史任务”。在我国大力发展职业教育的历史时期，我们需要审视陶行知职业教育思想，充分吸收其职教思想的精髓，从而采取一定对策来推进我国的职业教育大力发展。

一、陶行知职教思想简述

（一）职业教育与生活教育的关系

陶行知认为，生活教育包括“有关于职业之生活”的职业教育、“有关于消闲之生活”

的休闲教育、“有关于社交之生活”的社会教育、“有关于天然界之生活”的自然教育等四个方面的教育。职业教育是生活教育的一个组成部分，生活教育与职业教育是整体与部分的关系。

（二）职业教育的目的

陶行知认为职业教育以“生利”为目的。他进一步指出“凡养成生利人物之教育，皆得谓之职业教育”。同时他认为职业教育具有两个方面的生利，一方面是生有利之物，另一方面是生有利之事。职业教育就是围绕“生利”而进行培养人的教育活动。

（三）职业教育的师资

陶行知对职教师资有自己独到的看法和见解，他认为从事职教的教师需要具备下列素质：第一，职教教师需要具备生利之经验。他认为只有职教教师具备生利之经验就可以更好地教育学生。第二，职教教师需要具备生利之学识。他认为职教教师不仅负责养成生利人物之职责，而且有“改良所产事物”的责任。如果职教教师没有学识，就不能很好地去提升自己和改进教学事务。第三，职教教师需要具有教育学生生利的教学方法。陶行知指出，职教教师只有懂得了教育学生生利的方法，才可以事半功倍。在讲到职教教师资格的时候，他指出养成职教师资有三个方面：第一，收录普通学子教以经验学术与教法。第二，收录职业界之杰出人物，教以学术与教法。第三，延聘专门学问家与职业中之有经验者同室试教，使其互相砥砺补益，蔚为职业教师。通过以上几个方面，从而更好地建设职教教师队伍。

（四）职业教育的职业设备

陶行知非常重视职业教育的职业设备，把职业设备看作是进行生利的条件，“必先有种种设备，以应所攻各业之需求，然后师生乃能从事于生利”。他还进一步指出职业教育的职业设备来自自有设备和职业界的设备。他认为，有了职业设备才能更好地从事生利的职业教育。

（五）职业教育的课程与教学

陶行知职业教育课程与教学思想主要有以下几个方面：第一，职业课程以生利为主。第二，职业课程应该“一事”之始终为一课。第三，实行小班教学。第四，课程分为理论课程和实践课程。

（六）职业教育的学生

陶行知重视职业学生，关注学生的才能和兴趣。第一，他强调教师需要引导学生的职业学习兴趣。第二，他关注学生的实习。第三，他主张教师对学生进行职业教育与指导，让学生精选自己感兴趣的职业。

二、陶行知职教思想对我国当前职业教育发展的启示

（一）正确定位职业教育的目标

随着我国经济社会的发展，人口的增长和就业形势的变化，我国人才培养的模式和培养目标也开始发生变化，我国从2005年起开始大力发展职业教育，职业教育在我国进一步受到重视和发展，但是对于职业教育的培养目标我们需要更加深入地思索。陶行知先生的《生利主义之职业教育》中指出的职业教育的目的是“生利”思想告诉我们，职业教育的培养目标，一方面是培养学生的知识与技能，让学生学会生存的本领；另一方面是让学生学会生活的知识与能力。反思我国当前职业教育的培养目标，我们需要正确认识和定位职业教育：第一，职业教育的出发点是让无业者有业，让有业者乐业。第二，职业教育既需要关注社会和劳动就业市场以便适应市场经济的发展需求，同时需要遵循职业教育发展的规律，把职业教育区别于普通教育。第三，职业教育不仅要培养学生的个人技能，更需要重视关注学生的创新精神与实践能力的养成。

（二）促进职业教育课程与教学建设

职业教育目标的实现具体要落实到职业课程上来，因此需要加强职业教育课程改革与发展。第一，在职业教育课程目标方面，需要转变那种仅仅重视关注学生技能训练忽视学生学习能力的培养、职业情感的养成等做法，加强学生知识与技能的培养，还需要关注学生的职业情感、职业价值观、学生的创造力等方面。第二，在职业教育课程内容上，既重视学生职业技能的训练，也重视学生的个性发展，“强调职业性与非职业性的统一”。第三，在职业教育课程实施上，加强多样性与专业理论性的辩证统一，即既重视学生专业课程，也重视多样性的课程，形成“一专多能”。第四，加强职业教育课程开发。当前主要有几种课程开发模式：学科系统化的课程开发，职业分析导向的课程开发，学习理论导向的课程开发，工作过程导向的课程开发。加强职业教育课程开发，推进职业教育课程建设。第五，加强和改革职业教育的教学方法，鼓励职教教师探寻多种多样的教学方法，做到“道而弗牵，强而弗抑，开而弗达”，提升教学效率和教育质量。第六，在职业教育课程管理上，加强弹性学制和学分制，鼓励半工半学，实现工学结合，达到“教学做合一”的效果。

（三）加强职教师资队伍建设

要进行职业教育，教师队伍建设是一个环节，正如《关于加强职业培训教师队伍建设的意见》所指出的：加强教师队伍建设，提高教师的政治和业务素质，是推动职业培训事业蓬勃发展，培养经济发展需要的大批技艺精湛的劳动者的重要保证。①提高职教教师的素质。第一，思想道德素质。“学高为师，身正为范。”职教教师是职业学生的模范，因此职教教师需要良好的思想道德素质来影响和教育学生。第二，需要一定的职业经验。第三，具备广博的科学文化知识和扎实的专业知识。第四，需要懂得教学方法。第五，

需要具备职教相关的能力，包括教学管理能力、教学实践能力、教学创造能力等。②重视职教教师的聘任。第一，在聘任职教教师过程中需要选拔和招聘那些热爱职业教育事业的教师。第二，选拔和招聘那些有职业教育相关经验的教师。第三，选拔和招聘那些具有创新精神和实践能力的教师。第四，不拘一格地选拔那些企业单位有经验的人员来职业学校担任专职或兼职教师。③加强职教教师的培养。第一，加强职教教师的在职培训和教育。第二，选拔一批职教教师去参观和学习外国职业教育教学经验。第三，加强国内地区职教教师的交流与互动。第四，鼓励职教教师的自我发展和提升，实现教师的专业发展。

（四）重视职业教育中的教育实习

教育实习是职业教育教学过程中的一个重要环节，因此需要重视。在教育实习过程中需要将理论知识与具体的实践操作结合起来，更加重视学生的动手操作。具体来说在职业教育实习过程中可以采取：第一，职业院校与企业合作建立实习基地，让学生在企业内部进行实习与训练。第二，在学校校内建立模拟实习现场，让学生体验操作流程。第三，建立弹性教育实习制度，给学生自主选择教育实习的权利。

（五）加强职业教育与就业指导

面对当前我国日益严峻的就业压力，加强对职业学校学生的职业教育与就业指导是迫切的和必要的。通过职业教育与就业指导，第一，让学生了解什么是职业，职业的特征和我国职业的分类。第二，让学生正确地选择职业和培养职业兴趣，进行自我职业定位。第三，让学生形成职业意识与职业道德。第四，让学生了解和掌握就业的方式与技巧。第五，让学生树立创业的精神和能力。

（六）促进职业院校与企业单位有效沟通与结合

产学研结合是当代教育发展的一个重要内容。产学研结合即产业、学校、科研机构相互配合，发挥各自优势，形成强大的研究、开发、生产一体化的先进系统并在运行过程中体现出综合优势。教育部《关于以就业为导向，深化高等职业教育改革的若干意见》，提出把订单式人才培养模式作为深化高等职业教育改革的主要措施之一。通过促进职业院校与企业的沟通，建立“产—销”关系，实现“双赢”：一方面职业院校培养出来的学生能在企业进行就业工作，为职业院校学生开辟广泛的就业出路。另一方面，企业通过“弹性订单式”职业教育人才培养方案，进行“课堂—工作间”“课堂—岗位”“学生—企业”零距离联合办学模式，职业院校为企业培养适应其发展所需求的实用型、技能型的中、高级等不同层次的职业人才。

（七）加强职业教育与生活教育的联系

“生活即教育，社会即学校。”可见，教育与生活是密切关联的，同时职业是部分，生活是整体。当然，职业教育与生活教育是联系在一起的。职业教育需要关注职教教师与生活、职教学生与生活之间的联系，“确立生活教育在职业教育中的意义，有意识地、有计划地加强生活教育，采取行之有效的职业教育与生活教育交融的方式方法，就可以充实学习者的精神生活，重建人们生活目标的意义”。因此，在职业教育发展过程中需要加强职业教育与生活教育的联系，促进职业与生活的交融、教育与生活的关联。

（八）推进职业教育信息化建设

推进职业教育信息化建设是发展职业教育的重要举措，同时“职业教育信息化是教育信息化和国家信息化的重要基础和组成部分”。职业教育信息化主要是指职业教育中的师生在基于电脑和网络环境的基础上，应用信息技术和信息资源来推动教育教学发展和改革，实现职业教育现代化，满足时代和社会需求的过程。加强职业教育信息化，第一，可以以信息技术跨时空快速共享教育信息资源的巨大优势，推动职业教育事业的跨越式发展。第二，能够发挥信息技术整合、共享和创新优秀教育资源的潜力，提高教育质量。第三，以现代远程教育动态、开放的突出特性，推动职业教育组织形式深层变革，促进开放教育网络的形成。在推进职业教育信息化过程中，第一，需要加强职业教育的校园信息化建设。正如陶行知先生所指出的那样，职业教育的发展需要“生利主义之设备”，因此职业教育信息化需要构建校园信息化所需要的硬件设备以及相关的软件系统。第二，教师需要转换教育观念，形成信息化职业教育理念。第三，职教教师需要掌握信息化的技术技能。第四，职教教师需要转换教师角色，重新定位自己的新角色。

陶行知职教思想内涵丰富翔实，为当时我国职业教育的发展起到了重要的促进作用。在今天我国大力发展职业教育的背景下，陶行知的职教思想为我们提供了许多理论借鉴和参考。

第三节 舒新城职业教育理论

舒新城（1893—1960），字心怡，号遁庵，湖南溆浦人，是我国著名的教育家和出版家。在教育方面，舒新城最早在我国引进和试验“道尔顿制”，并在这方面有其独到和系统的见解，影响颇大。舒新城也是较早意识到教育史料价值，并进行大量的近代教育史料搜集和整理的近代教育家。其著有《近代中国留学史》《近代中国教育思想史》《近代中国教育史稿选存》等。舒新城曾经立志完成一部“百万言之《近代中国教育通史》”，但由于忙于事务，仅写成一部留学教育专史和一部教育思想史，以及幼稚教育、中学教育和师范教育小史，收录于《近代中国教育史稿选存》，“而无高等教育、职业教育、教育行政等小史”。纵观舒新城的教育著述，蕴含着职业教育的点点滴滴，融入了近代职业教育的洪流。本节试图从舒新城教育理论和实践中提取其职业教育部分，进行归纳和梳理，以期进一步认识舒新城这位知行合一的教育家，并加深对近代职业教育的了解。

一、学制与课程的构想与改革

舒新城对中学学制与课程的构想与改革，体现出其对职业教育的重视。而这种构想与改革就集中反映在其在上海吴淞中国公学中学的教学改革中。

（一）学制的构想与改革

1921 年 7 月，舒新城自湖南长沙赴上海，任吴淞中国公学中学主任。同年 10 月 18 日北上北京，就吴淞中国公学风潮一事请示校长王敬芳和梁启超，并在京津宁三地参观学校教育，10 月 30 日返沪。随后便根据这次北上调查和自己的感受写成《中学学制问题》一文。该文首先对现行学制（1912 年颁布的“壬子癸丑学制”）的弊病进行阐述，并根据京津宁三地的调查所得，提出对中学的学制构想。他主张将现行中学四年学制改为五年，前三年为普通科，后两年分科，并且在前三年最后一年设选科。

舒新城开宗明义地说：“首先所要说明的，我对于中学教育，主张升学预备与职业教育双方兼顾。”舒新城认为，从理论上说学生的个性有别，有的学生易于深造，而有的适合浅就；事实上又受家境的影响，有的学生不能继续求学，而教育又不能不顾及这些学生。所以，主张中学“普通教育”与“职业教育”二者兼顾。同时，他也指出：“前三年为灌输基本科学知识起见，可以不必分科。”对于毕业后谋职业的学生，用“三年”时间为职业教育做基础准备是否过长这一问题，舒新城的理由是：“中等学生无论其毕业后升学或谋职业，均不可不具稍高之基本科学知识……所需要的学生，不是要他们仅仅具一种职业技能，如现在一般所谓劳动者之流，只要他们于生活技能之外具有良好公民的资格；所以我们对于他们的科学知识，不得不希望稍高一点；况且这些普通基本科学无论学生升学或谋职业，都是不可缺的。因此我主张中学校前三年让学生习普通科学，后二年选习分科课程。”至于为什么延长一年学制，就职业教育讲，舒新城认为：“在中学校毕业不能升学之学生，全国虽无详细的统计，但据我所知之湖南各中校与江苏一中、南高附中诸校之实况，不能升学者最少占 50% 以上，欲此 50% 以上谋职业，自必予以相当之生活技能；要学生的技能在现在分工的社会中能占中等位置，决非数月或一年之职业教育所能收功，而不可不有稍长的训练。此就职业教育讲，我主张延长修业年限一年。”这样的构想无疑会和实业教育和师范教育在人才培养上产生冲突，舒新城则指出，他的这套理论是针对单轨制的，而单轨制下是不存在这样的冲突的。

舒新城初步设想分科过后暂设文、理、商、师范四科，文、理两科是为升学做准备的，商科和师范属于职业教育范畴。舒新城本想再添设农科、应用化学科和新闻科，但限于校址和经济条件，暂设四科。

舒新城的这一学制改革设想不久就在吴淞中国公学中学付诸实践，将学制延长到 5 年。1922 下半年改行新学制后，除学制延长为 6 年外，基本思路没变。

（二）课程的构想与改革

1922 年新学制颁布后，课程标准迟迟未出，舒新城即为之“私拟一种课程标准”，发表于 1922 年《教育杂志》14 卷“学制课程研究专号”中，规定中学课程标准的原则如下：

甲．规定课程的一般原则：课程是达教育目的之一种方法。课程是随着教育目的的变迁而变迁的。课程内容于适合现代生活之中要具有打破现实生活创造新生活的质素。课程应有达到教育目的的简洁性。

乙．规定中学课程的特殊原则：中学教育的目的在于兼顾普通文化与职业教育，课程的内容也应当两方兼顾。中学学生身心发育正盛，思想变迁甚速，课程科目应有选科以应其需要。中学生的活动力强，课程材料宜选择与日常生活切近者，使与环境多有接触。中学生的感情特盛，课程的内容宜广、活动宜多，以丰富其生活而使之社会化。中学教育非以研究纯粹科学为目的，课程材料的排列，宜多心理的少伦理的。中等教育应注重学生自动，故授课时间每周最多不得超过 30 小时。

其中明确强调课程内容也应当兼顾普通文化与职业教育，应能使学生社会化。这些都能体现舒新城在开展普通教育的同时，兼顾职业教育思想。考察这一时期舒新城在吴淞中国公学中学的教学实践，其课程“确实兼顾了普通文化知识和职业教育的两方面需要”。如其源于“工学主义”的“以工作代体操”。

后因学潮原因，舒新城于 1923 年 1 月辞职离开吴淞中国公学中学，他在中国公学中学的改革也就此结束。综观舒新城学制与课程的构想与改革，经历了“考察—理论—实践—反思”这样一个过程。舒新城在中学教育中强调职业训练，一方面，受杜威实用主义教育思想的影响；另一方面，则是有感于中学生失业问题的严重性。

二、职业指导

职业教育有三种形式，包括职业学校教育、职业补习教育和职业指导，合称职业教育的三大支柱。职业指导的范围包括指导青年研究职业、选择职业、准备职业、加入职业、改进职业、改选职业、增进职业效能等七方面的内容。职业指导的形式十分灵活，可以是个别指导、课堂讲授，也可以是报告形式，或者著书立说。舒新城对学生的职业指导在这几种形式中都有所体现。

（一）个别指导

舒新城因为受英美书籍、幼年私塾和书院生活的影响，在训育方面，既没有沿用旧的管理制，也没有采用当时颇为流行的学生自治制，而是采用了类似英国大学的导师制（Tutorial system）。舒新城在湖南第一师范和吴淞中国公学中学都曾实行过这种制度，而且效果不错。所谓导师制，在湖南第一师范时，简单来说就是，学生可以自由选择导师，就个人的学习问题、生活问题、职业问题等，向选定的教师请教，教师力当竭诚指导。而当时湖南第一师范选择舒新城作为导师的学生多达百余人。其中，自然不乏职业指导。

经过湖南第一师范的初步试验，舒新城在这方面积累了较为丰富的经验。到了吴淞中国公学中学再次实施时，就有了较大改进。他在学校专设“顾问部”，该部门主要解决学生的个人问题，如婚姻问题、家庭问题、职业问题等。具体组织办法如下：

由学校组织顾问部，以主任（或校长）为部长，专任教员之一部或全部为部员。学期开始将部员姓名（新教员在外）布告学生，听其自由择一人为本期之顾问（新生在外），关于个人身心上不能解决之问题，都可随时询问。顾问部每月举行一次或两次会议，商决指导大纲，报告各人所遇之问题，共同研究。顾问员一人，指导学生二十人或三十人，学生过多，以先请者为限。顾问随时召集被指导之学生个人或团体谈话。说明：新生无请教师为顾问的资格，新教师无做学生顾问的资格，是因为他们初到学校，彼此都是新人，学生对教师无从发生信仰，教师对学生也不知道谁好谁不好。

这里的“顾问”就是湖南第一师范时的“导师”，是在湖南一师导师制基础上的改进形式。虽然名称不同，但是都扮演着指导学生个人生活的角色。而职业问题，无疑在学生个人生活中占有重要地位。无论是湖南第一师范还是中国公学中学，舒新城都亲力亲为，竭诚为学生进行个别指导，解答疑惑。

（二）课堂讲授

舒新城曾在东大附中讲授过“青年修养”，还在东大附中和江苏省立一中开设过“人生哲学”。两门课虽然名称不同，但是共同涉及一个问题——职业的修养。舒新城曾经指出：“中国中学生对于职业不感兴趣，是一种很普遍的现象。其原因大概有下列几种：社会风俗问题，经济问题，个人习惯问题。”舒新城开设这两门课，论及职业的修养，无疑是想改变学生的“个人习惯”，进而努力改进“社会风俗”。

舒新城从职业的重要性、择业与乐业、知识的修养和技能的修养逐步递进的方式阐述职业的修养。

1. 职业的重要性

舒新城指出：“为个人计，为社会计，一切工作都以专而久为贵。这专而久的工作便是职业。”简短的一句话，既道明了职业教育的重要性，又解释了何为职业。学生最缺乏的是职业的观念，舒新城此意即在给学生造成一种崇尚职业的观念。

2. 择业与乐业

舒新城认为，选择职业应当首先考虑自己的个性，其次是社会的情形，家庭也应该顾及，但是实际上家庭对职业的影响较小。舒新城指出：“无论何种职业固然要有相当的预备，而真正的专业绝不是几年学校教育或徒弟教育所能培植得好的，必定要个人的终身努力才可以有成。所以选择职业要首审个性。”如何认清自己的个性，舒新城认为：“我们对于个性的自审在于平日从自由研究活动中，反省其兴趣之所在。不过仅仅自省，还未见得完全能了解个性的特点，有时亦可请他人——师友——从我们的活动中客观地批评，以为反省的资料。”如何乐业，舒新城认为：“要乐业第一要慎为择业，第二要从个人能力上立物质欲望的基础，继续努力于一业。”

3. 知识的修养和技能的修养

舒新城认为知识的修养不外乎三方面，即本业的专门知识、与此业有关系之常识和普通常识。他强调：“不论治何种职业，于专门学识，基础常识而外，更当注意普通常识。”技能修养主张“知行合一”，即理论联系实际。技能的修养需要注意：艰苦的精神、与抑制物质欲望自然是不可少的；而最重要的是了解职业平等，去除从前“士”的旧观念。

舒新城关于职业修养的讲授，几乎涵盖了职业指导的所有方面。他曾经有个非常形象的比喻，用来形容职业指导的重要性。他说：“我常把职业指导比英文文法，职业比英文生字；倘若学英文的人认不得几十个生字，教师天天教他学生什么名词、动词、形容词等等怎样用法，学来学去还是一套空架子，还没有适当的字句发表意思。中国中学现在的职业指导正如未认生字专学文法而妄想作文一样，走不通又何足怪。”

（三）演讲

作为当时非常有名的教育家，舒新城每到一地，当地教育机关就会邀请舒新城为其演讲。演讲的内容当然不止一端，关于职业指导，记录在案的有《中学生的将来——在绍兴浙江第五中学讲演》。这次演讲主要围绕四个问题：一般人与中学生对于“中学生”的观念，从统计上看中学生的地位与责任，中学生将来的出路，中学生怎样解决自己的问题。

1. 一般人与中学生对于“中学生”的观念

舒新城指出，中学生为“社会中坚人物”。“中坚人物”四字，在一般人看来，有下列几种意义：有充分的学识，能主持社会上的各种事业。有良好的行为，能得社会上多数人的信仰，为多数人所依归。社会上发生事变时，能主持正义，指导群众。社会上有应兴革的事情，能以身作则，竭力进行。无论何时，均能以公众福利为前提，处处为公众谋幸福。

从中学生自身来看，除上述之外，还应该在一切活动中当然为重镇，在职业界亦可为重镇，在政治上也可为重镇。既有此观念，便有此责任。舒新城意在提醒中学生应有责任意识。

2. 从统计上看中学生的地位与责任

舒新城从统计中得出，差不多要 4000 人才有 1 个“中学生”，其余的 3999 人中接受中等教育性质教育还有一些，但是每个中学生最少亦当对于 3000 人以上的行为、知识、生活种种方面负指导、改进的责任。

3. 中学生将来的出路

一般中学生都是以“升学”为目的的，但中学生的升学率只有 23%，余下的 77% 据舒新城的统计与观察有：小学教师，包括塾师初等教育机关各项职员与县教育行政人员，出版业新闻业的中级或高级职员，高等教育机关或行政机关的佐理员，工商业界的中级职员，乡绅，军士，小政客、小军阀——依傍下等政客与军阀为生的无业流氓。

舒新城分析指出，“中学生”难于胜任小学教师，小政客、小军阀“绝对不可以走”，乡绅、军士"亦可以不必走"；出版业新闻业的中级或高级职员、高等教育机关或行政机关的佐理员和工商业界的中级职员可以，但是还应在相关方面有所准备。

4. 中学生怎样解决自己的问题

舒新城用了简短的两句话来回答中学生怎样解决自己的问题。处己须具平民的精神，治事须耐劳负责；以宇宙为大学校，继续不断地研究学问。

（四）著述

个别指导、课堂讲授和演讲，虽然生动形象，但是受众有限，唯有著书立说能达到更为广泛的职业指导作用。舒新城把对学生的个别指导纳入《一个改革学生自治的具体方案》一文，发表于《新教育》1923 年第 7 卷第 5 期；将其课堂讲授的职业的修养编入《人生哲学》一书，交由中华书局出版；演讲也有人为其记录，收录于其《教育丛稿第一集》，等等。除了这些集中论述职业指导问题的文章和著作外，其对青年的职业指导还散见于其他教育著作当中。

三、教育调查

舒新城倡导学生谋职业要"知行合一"，理论联系实际，他本身就是"知行合一"、理论联系实际的典范。舒新城每到一地，必然参观当地的学校，考察当地的教育情况。这些调查中无一例外都关注了中学生出路问题，而为学生谋出路，即是职业教育产生的最大原因。

（一）江浙皖教育调查

1924 年 4 月起，舒新城奔赴芜湖、安庆、宁波、白马湖、绍兴、杭州、嘉兴、上海、浦东、吴淞、徐州等 11 个地方调查当地学校教育情况，用了 49 天时间，走访了 35 所学校。他指出："中学生的出路问题，我早深有感触。数年来我主张中学教育升学预备与职业预备兼顾就是以此问题为背景。在当时的教育统计上，中学生不能升学的有 77%，数字上已属可惊，此 77% 的学生必得就业，而因在校无职业训练之故，就是得业，也每与社会格格不入而不能乐业：此现象我平素也知道。但经此次与各中学主持人接触，则更感得严重。因为这些主持人，没有一位不是为学生的出路问题所苦闷，而想不出办法，甚至对于自己所办的事也发生了疑问。"[a] 舒新城关于学制与课程的构想与改革源于他在京津宁三地调查。他想通过学制与课程的改革解决学生的就业问题，但是中途被迫退出，可以说是失败的。这次又通过实地走访调查，得着同样的问题，舒新城想到的已经不再是简单的学制和课程改革，而是"教育制度与社会不相应的种种问题"，即他所倡导的"生产教育"和"以农业为主，以工业为辅"的教育方针。

（二）成都教育调查

1924 年 11 月至 1925 年 5 月，舒新城任教于成都高等师范。在此期间，他也曾走访

a　舒新城 . 我和教育 [M]. 北京：知识产权出版社，2016.

成都及周边中学，但仍感到和中学生接触的机会太少，因而制作了两千份问卷，发放到成都各中学，托各校主持者散发给学校较高年级学生，实际收回 289 份。根据这些收回问卷，舒新城得出下面一些结论：志愿升学者超过升学之可能量几五倍，如何能使学生遂其志愿，更如何设法改变其志愿，使之不在不可能的广场中摸索。不能升学便无志就业，而且年级越高无志愿者亦愈多，应当怎样补救，使他们不致在校求学无目的，出校徘徊歧路，扰乱社会秩序。师范生无志从事教育，怎样养成学生对于教育之兴趣以实现师范教育目的。男女生志愿有显著的差别，怎样才能适应他们需要；男女同学的学校，应有何种特殊的设施。学生对于报纸杂志不注意，因而常识缺乏，竟至欲升学习某科而不知学校名称；现在教育即生活的理论变为教育者的口头禅，怎样才可使此理论实现。学生家境相差有 20 倍之距，现在划一教育制度根本不能适应，应当怎样改革。学生用钱的良好习惯应怎样养成？

此时的舒新城已经不在中学任教，但是依然十分关心中学教育问题，尤其关注学生的就业问题。他想通过更具说服力的实际调查，提醒教育工作者，中学仍然存在很多问题有待解决。

舒新城的目标是跑遍整个中国，了解各地的教育情况，但是由于后来进入中华书局从事编辑工作和抗日战争的打响，就再没有时间完成这个愿望。舒新城通过实地调查，善于发现教育中存在的种种问题，并且敢于指出这些问题，留给教育工作者去思考，同时，他自己也在不断地探索。

四、职业教育史

舒新城最具代表性的职业教育史关注的文章是发表于《中华教育界》1928 年第 17 卷第 4 期的《职业教育思想变迁史：〈近代中国教育思想史〉之一章》上。此文在作为《近代中国教育思想史》一章，复印之时又曾摘为《中国职业教育思想小史》，刊于《教育与职业》1929 年第 100 期“百期纪念专号”上。该文主要从职业教育产生的背景、变迁及影响三个方面剖析职业教育的发展史。其中，对于职业教育产生的原因，职业教育在中国的发展及其内涵的渐变，职业教育影响的判断，至今看来仍有现实意义。

舒新城对于职业教育的看法：“职业教育思想产生之来源有二：一由于国内社会之需要，二由于欧美职业教育思想之激荡。”“中国近代各种教育思想在实际上只影响，无有出乎职业教育思想之外者。第一是在新学制系统中占了正式而重要的地位……其次在实施上有很大的成绩。”“在五四以前，新教育自然也和五四以后一样地不适于中国社会的需要，然而那时社会上的传统思想尚能保持其相当的威严，世界新思潮还不能尽量输入，而新教育的弊端也还未完全暴露，所以社会上对于教育效果，虽感不满，但只不满而已，并不为急剧的破坏，甚至在不满的情态中求补苴的方法——如职业教育。”“就表面讲，职业教育亦何尝不是一剂医治中国教育的良药，可是为着各种设施要模仿外国之故，除了形成一种思潮外，实际上效果若何？乃至于首倡职业教育的中华职业学校的学生，其艺能不及实在的工人，其科目不及改革前中国固有的职业。”“而教育思想则更混乱异常，唯凭少数人的直观或世俗用语为标准（如职业教育、党化教育）。”“职业教育在中国亦为一种独立事业，并在学制系统中占一席地位。中国有中华职业教育社，成立于民国六年，主持者对于职业教育所下的定义为：‘凡用教育方法，使人人获得生活上之供给及乐趣，一面尽其在于人群之义务，此种教育为职业教育。’照此定义，一切教育均为职业教育；因为世界上任何国家任何教育学者决无以教育不使人获得生活上之供给及乐趣与对于人群尽应有的义务者，即世界上决无不愿生活的非职业教育，职业教育根本上不能自成一种独立的事业。现在所谓职业教育其设施之内容偏重于生活技能之训练，实际上为一种职工教育。此种教育在现在的中国亦有相当的价值而当推行，不过不可以词害意，误将一切教育划入现在所谓职业教育范围之内。”“前清虽有实业学堂，但范围甚狭。民国后，因中学毕业的出路发生问题，至民国六年而有职业教育思潮之发生。此思潮之来，系以国内社会需要、与美国教育重效率二者为背景，其目的不仅在改良实业学校而已，并欲使一切教育职业化，故小学添职业陶冶课目，中学设二部。至十一年新学制系统成立，此思潮竟一一见诸实际、几于将中学教育的全部而职业化之；可是实际上的效果，仍与旧日的相去无几，不过由日本制度改为美国办法而已。”

客观地说，舒新城的论述切中要害，如若真正是为职业教育发展着想的教育工作者，一定会把舒新城的话当作是对自己的鞭策。舒新城曾说：“要做人应当有特立的精神，世俗之毁誉不必问而且亦不能问，唯求自己心安而已。船山又曰：‘欲爱则爱，欲敬则敬；不勉强于所不知不能，谓之为率真。’率真两字，是立身处世所当共勉者：努力为学而已，不必计他人之毁誉。”从上面的文字中便能真切感受到舒新城的“率真”。

综观舒新城的职业教育理论和实践发现，舒新城的职业教育思想蕴含在其中等教育思想之中，来源于对现实的关注和对中学生前途的关心，并在现实当中通过实验不断改进。舒新城看到了职业教育的最大阻力来自“观念”，学生如果没有职业的观念，如何教育都是无济于事的，因而他关注学生“职业的修养”，并以多种形式力求改变学生的观念。他对现实的关注一方面是真正地走到教育第一线，从事教育工作；另一方面则是通过计划周密的学校调查来予以揭露，对职业教育的直接关注主要集中于对职业教育史的批判和反思上，这种批判与反思对职业教育本身是利好的。

第四节　黄炎培职业教育理论

黄炎培的职业教育思想内涵丰富，其对职业教育的作用地位、宗旨目标、主要功能、办学方针均有理论阐研，整体上自成体系，奠定了我国职业教育发展的基石，影响了我国现当代职业教育的发展。当前我国发展职业教育的方针政策是对黄炎培职业教育思想理论的继承、创新和发展。

自黄炎培先生于1917年在上海成立中华职业教育社，时光荏苒，整整100年过去了，作为职教先锋的黄炎培先生的职业教育思想到今天仍熠熠生辉、历久弥新。可以告慰先生的是当前我国职业教育发展与百年前相比已经发生了翻天覆地的变化，大力发展职业教育已经上升为国家意志战略，而且改革的目标方向已经明确。鉴往知来，回顾黄炎培先生的职业教育思想，有助于我们更好地传承历史经验，擘画未来宏图。

一、黄炎培职业教育思想理论体系

黄炎培先生早年痛感我国实业不兴，虽称新式学校教育却严重脱离实际，人才培养有学无能。通过对欧美等西方国家教育现状的考察，最早于1913年在中国首倡职业教育。1916年12月蔡元培在一次江苏省教育会上曾发表题为“中国教育之恐慌及其救济方法”的演讲，指出：“我国学校毕业生通弊，莫不想做官……与社会事业太形隔膜，至出路壅塞。就根本救济而言，固应趋重职业教育。”切中时弊地指出教育的关键问题是毕业生的出路问题。蔡元培先生慷慨激昂痛斥旧教育时弊的演讲，让当时的学生黄炎培深受思想震动，也下定了发展职业教育的决心。他认为教育的目的就是要宣传革命、唤起民众，解救社会民生问题，于是率先在中国举起了职业教育的大旗，并于1917年在上海发起成立中华职业教育社。黄炎培通过考览西方教育经验，反思中国教育问题，结合自身经历，在不断探索思考的基础上逐步形成独特的职业教育思想理论体系，其内涵丰富、博大精深、自成体系，奠定了我国职业教育发展的理论基础，为当前我国职业教育改革提供了借鉴。

（一）职业教育的地位：“求百业进步”“关民生国计”

黄炎培指出：“职业教育，直接求百业的进步，间接关系民生国计大问题。”中华职业教育社在创立之初即提出：“谋个性之发展，为个人谋生之准备，为个人服务社会之准备，为国家及世界增进生产力之准备。”明确指出了中华职业教育社的目的宗旨。

（二）职业教育的目标：“使无业者有业，有业者乐业”

黄炎培倡导建立教育与职业、与社会的沟通关系，使教育者能“为己治生，为群服务”，以“使无业者有业，有业者乐业”。职业是“社会生存所必需的分工的产物”，而教育则是“保持和发展各行各业的条件”，可见其对职业教育本质的判断。

（三）职业教育的功能：“个人谋生”“造福社会”

黄炎培认为，根据职业的本质，职业教育应达到四个目的：“一为谋个性之发展；二为个人谋生之准备；三为个人服务社会之准备；四为国家及世界增进生产力之准备。”包含两个基本维度即求个人生存及社会进步。他指出：“人生必须服务，求学非以自娱，无论受教育至若何高度，总以其所能应用社会，造福人群为贵。”

（四）职业教育的办学方针：“大职业教育主义”

黄炎培于1926年提出“大职业教育主义”。“提倡职业教育须同时分一部分精神，参加全社会的运动；办职业学校，须同时和一切教育界、职业界努力沟通和联络；提出职业教育的重心在社会底层，须顾及劳动人民的利益和需要，为大多数平民谋幸福；倡导双手万能、手脑并用，敬业乐群、劳工神圣等职业教育理念和思想精髓。”“大职业教育主义”的提出是黄炎培职业教育思想基本成熟的标志。“这一观念的提出，突破了教育界、职业界的局限，将职业教育看作是整个社会都必须参与的教育，并正确摆正了教育与政治的关系。此时，黄炎培职教思想已基本成熟。”其思想内涵包括：一是社会改革是职业教育发展的前提。“吾尝言之矣，离社会无教育，考教育者，凡夫一切现象，苟足以表示其一社会之特性、惯习、能力而堪供教育参证者，皆在所宜考。”二是职业教育的外延是开放而又广阔的。黄炎培认为，“办职业学校的，须同时和一切教育界、职业界努力沟通和联络”“须有最高的热忱，参与一切；有最大的度量，容纳一切”。核心要义是要贴近社会生活、千家万户，因应经济社会发展之需求，服务百业之进步，即“社会化”。三是职业教育与其他类型教育要兼容互通，从广义的职业教育而言凡教育皆含职业之意。四是职业教育应是一贯、系列和完整的。“因为要实施完整的职业教育，就必须在进行职业学校教育和职业补习教育的同时‘重职业陶冶和职业指导’”，他甚至认为，职业指导是“职业教育之先决问题”。从职业启蒙到职业补习是一系列过程，须各环节组合完成。五是职业教育实质为综合素质教育。“大职业教育主义”是对职业教育规律探寻的凝练思考和概括总结。

二、我国现代职业教育的发展与改革

（一）国家高度重视

近年来，发展现代职业教育已经上升为国家战略，习近平、李克强等国家领导人均对加快发展职业教育做出重要指示。《职业教育法（1996）》指出，“为了实施科教兴国战略，发展职业教育，提高劳动者素质，促进社会主义现代化建设”“职业教育是国家教育的重要组成部分”，明确了“对受教育者进行思想政治教育和职业道德教育，传授职业知识，培养职业技能，进行职业指导”的任务。近年来，国务院做出了加快发展现代职业教育的决定，出台了《国家中长期教育改革和发展规划纲要（2010—2020年）》《高等职业教育创新发展行动计划（2015—2018年）》等，对发展职业教育提出了指导意见，符合黄炎培“救国家救社会唯一方法”之理念。

（二）目标任务清晰

《国务院关于加快发展现代职业教育的决定》指出，“到2020年，形成适应发展需求、产教深度融合、中职高职衔接、职业教育与普通教育相互沟通，体现终身教育理念，具有中国特色、世界水平的现代职业教育体系”。可见其“适应发展需求”等重点内容和基本要义与黄炎培“大职业教育主义”的主张十分吻合，且“与时俱进”，增添了“终身教育”“中国特色”等当代元素，体现出传承与发展关系。

（三）改革方向明确

近年来，我国职业教育迅猛发展，但还存在不能完全适应经济社会发展需求等方面的问题。改革的方向是：一是坚持以服务需求为宗旨，以就业为导向，走产学研结合的发展道路；二是坚持符合地方经济社会发展需求；三是以培养实用型技能人才为目标推进教学改革；四是落实创新行动计划，不断创新人才培养模式等。这些目标任务与黄炎培提出的“以适应需要为主是职业教育不可离的原则”等观点暗合。2017 年年初全国教育工作会议上提出的“增强职业教育服务发展支撑力，培养技术技能人才”与黄炎培“为国家及世界增进生产力之准备”仅是表述相异。

（四）基本原则可行

《国务院关于加快发展现代职业教育的决定》就加快发展现代职业教育提出了“政府推动、市场引导，加强统筹、分类指导，服务需求、就业导向，产教融合、特色办学，系统培养、多样成才”的四十字方针，其重点内容与黄炎培提出的办学体制因应政府统筹双管齐下、“重视谋职能力和创业精神的培养”“教育与职业相沟通，一般学校设施，皆以社会为根据”“把教育和实业联为一体”等理念。

综上可见我国现代职业教育方针政策与黄炎培职业教育思想的渊源关系。发轫于黄炎培职业教育思想而创立的中华职业教育社，走过百年岁月至今蓬勃发展，也充分显示出黄炎培的远见卓识和实践成就。以黄炎培为首的中华职业教育社所创建的职业教育理论是一个完整的理论体系，在中国职业教育发展史上功不可没。“这个理论体系以强国富民为出发点，以人人有业、乐业为工作目标，以实现大同世界为终极目的，以利居众后、责在人先的处事精神艰苦奋斗，创建的不仅是一个教育理论，且具有崇高的道德价值”“这个职业教育理论体系是黄炎培‘求生、求群’的人生观的外化表现。”继承先辈遗志，发展职业教育，让我们“站在巨人的肩膀上”，站得更高看得更远，在职业教育的征途上阔步前行。

第五节　马克思恩格斯职业教育理论

马克思恩格斯高度重视劳动者的职业教育，强调要把劳动者作为职业教育的主体，主动引导劳动者把参加职业教育同参加生产劳动紧密结合起来，不断提升劳动者的职业发展能力，造就大批高素质专业化创新型人才，大力创造新的生产力，努力促进人的发展。在研读马克思恩格斯关于职业教育问题重要论述和学习借鉴国内学者关于马克思恩格斯职业教育理论问题研究成果的基础上，对马克思恩格斯职业教育理论进行新探索，我们认为，马克思恩格斯职业教育理论主要包括职业教育本质论、职业教育主体论、职业教育目的论、职业教育方法论等基本内容，对于推动职业教育理论研究以及职业教育培训工作具有重要启示。

一、国内学者关于马克思恩格斯职业教育理论问题研究现状概述

马克思恩格斯职业教育理论问题研究是国内学者高度关注的一个重要研究领域，已经取得了许多成果。有学者研究了马克思职业教育思想的三大要点，“发展职业教育是大工业客观规律的要求”“包括职业教育在内的、与生产劳动相结合的未来教育，是造就全面发展的人的唯一方法”“工人阶级夺取政权之后，职业教育必须占据应有位置”；有学者研究了马克思职业教育思想的“职业教育的作用、目的及实施”等内容；有学者研究了马克思关于职业教育本质的论述，指出“职业教育的根本目的是促进人的全面发展、职业教育最基本的途径是教育与生产劳动相结合”；有学者从“人的全面发展学说、终身教育理论、教育实践论观点”等方面分析了马克思职业教育思想；还有学者研究了恩格斯职业教育理论，指出恩格斯职业教育思想主要包括“职业教育的立场、职业教育的作用、职业教育人本观、职业教育人才观、职业教育素质观、教育与生产劳动相结合、职业教育的全民性和全面性”等内容。

国内学者对马克思恩格斯职业教育理论问题研究注重理论研究与实践应用密切结合，即把马克思恩格斯职业教育理论与现实职业教育具体实践紧密结合起来，但是系统性的学理性研究有待加强。

二、马克思恩格斯职业教育理论的主要内容

结合马克思恩格斯关于职业教育问题的有关论述以及国内学者现有研究成果，我们认为，系统的理论才可能生发出系统的话语，要构建马克思恩格斯职业教育的学理性话语体系，首要前提是要构建马克思恩格斯职业教育系统理论。马克思恩格斯职业教育理论主要包括四个方面：职业教育本质论、职业教育主体论、职业教育目的论和职业教育方法论。

（一）职业教育本质论：教育、训练和培训的社会生产活动

马克思恩格斯把教育概括为“智育、体育和技术教育”等“三件大事”，并把技术教育作为教育的重要组成部分。马克思恩格斯指出，技术教育要以生产各个过程的“一般原理”为内容，技术培训要使劳动者学会各种行业的基本工具的实际运用与操作，要把技术教育与生产劳动、智育和体育等结合起来共同训练工人阶级。把职业教育作为教育的重要组成部分，并与生产劳动、智育和体育紧密结合起来，既能够体现教育的整体性，又能够发挥教育的最大功能。因此，马克思恩格斯明确规定了职业教育在教育中的地位，就是告诉人们：职业教育是教育系统不可分割的一个子系统，是培养人的一条有效途径，并受一定物质经济状况制约。基于上述理解，马克思恩格斯职业教育的本质可概括为：“现实的个人”在“自己生活的社会生产中”，为获得“多方面的需要以及全面的能力”，使自己“成为发达的和专门的劳动力”，按照“教育与生产劳动相结合”和“不同类别循序渐进”的方法所从事的教育、训练和培训等专业化的

创造性生产活动。这里面包括职业教育主体、职业教育目的和职业教育方法，同时也指出了职业教育环境（自己生活的社会生产中），注重考虑人自身状况以及所处的经济社会发展状况。

（二）职业教育主体论：以“现实的个人”的劳动者为主体

马克思恩格斯在思考和研究社会现实问题时所采用的考察方法是有一个“现实的前提”的，“它的前提是人，但不是处在某种虚幻的离群索居和固定不变状态中的人，而是处在现实的、可以通过经验观察到的、在一定条件下进行的发展过程中的人”。并将“现实的个人”作为职业教育的主体，强调职业教育必须要紧紧围绕“现实的个人”的实践活动和实际发展过程来展开，也就是职业教育要以从事现实生产生活的劳动者作为主体。第一，职业教育为“现实的个人”顺利开展实践活动服务，“现实的个人”的实践活动包括物质生产、精神生产和人口生产以及思维创造等，为更好促进“现实的个人”有序有效进行这些实践活动，就需要对“现实的个人”进行系统化和专门化的职业教育。第二，职业教育为“现实的个人”的发展过程服务，“现实的个人”不是永远处于固定不变状态中的人，而是一直处在变化过程中的人，包括人的生产力和社会关系的变化与发展，职业教育为人解放和发展生产力与不断丰富和完善自身的社会关系提供了推动力。第三，职业教育与人的实践活动和实际发展过程相结合，人的实践活动和实际发展过程对人参加职业教育发生作用，包括对人参加职业教育需求的内容和方式提出要求，促使人有针对性和目的性地参加职业教育。

（三）职业教育目的论：造就“发达的和专门的劳动力”和创造“新的生产力”

马克思恩格斯指出，“为改变一般人的本性，使它获得一定劳动部门的技能和技巧，成为发达的和专门的劳动力，就要有一定的教育或训练”，经过职工教育训练的劳动者是“全面发展的一代生产者”，他们懂得整个工业生产的科学基础，而且每一个劳动者对生产部门的整个系列都有实际体验，这样就会创造新的生产力，指出了职业教育对于改变人的本性，帮助人提升劳动能力和创造能力，培养发达的和专门的劳动力，创造新的生产力等具有重要的作用，即明确了职业教育的目的就是培养高素质专业化创新型的人才和创造新的生产力。第一，职业教育可以传授给人必要的知识，对于正在“成长的头脑”里具有积累起来的社会知识的人来说，参加职业教育能够帮助其更好地学习和运用知识，把知识转化为物质创造力，实现个人价值和社会价值的有机统一。第二，职业教育可以提升人的能力，要对人的劳动能力进行职业教育，并在职业教育中改变人的“一般的天然能力”，使人能够在完成必需的劳动基础上，努力保证人的体力和智力获得充分的自由的发展和运用。第三，职业教育可以通过人的能力提升来创造新的生产力，人的能力是创造社会物质财富和精神财富的动力，人在具体实践过程中也推动着生产力的发展，创造出新的生产力。职业教育着力促进人的能力的提升，造就一大批素质高、能力强和有创新能力的劳动者，为新的生产力的产生提供坚实的人力资本。

（四）职业教育方法论：采用“教育与生产劳动相结合”与“不同类别循序渐进”的方法

马克思恩格斯提出了采用“教育与生产劳动相结合”与“按不同类别循序渐进”来开展职业教育的科学方法，指出按照人所在的生产的某一个部门或者某一个部门的某一个工作岗位，对人开展分门别类的职业教育，或者让人轮流从一个生产部门转到另一个生产部门，以实现人通晓所在生产部门的生产流程和掌握生产活动所要求的必备能力。首先，职业教育面对不同的人及其不同的需要，要求因人施训和因需施训，即开展个性化职业教育，每个人的个性特质和需要是显著不同的，职业教育就要为激发人的个性潜能和满足人的需要服务，对人进行生产生活方面的职业教育。其次，职业教育处在不断发展的过程中，需要对人进行循序渐进的职业教育，即开展发展性职业教育，人参加职业教育也不是一蹴而就的，它既是人在谋求某一需要满足后的阶段性活动，又是人的综合能力形成和发展过程中的一个步骤。这里隐含着人在不断地参加职业教育以达到自身能力的不断完善。教育与生产劳动的密切结合，个性化和发展性的职业教育是马克思恩格斯职业教育的主要方法，是一种合乎人的发展的合目的性和合规律性相统一的科学方法。

职业教育本质论、职业教育主体论、职业教育目的论和职业教育方法论共同构成了马克思恩格斯职业教育理论的基本内容。职业教育本质论阐明了职业教育作为一种社会生产活动，属于教育系统范畴；职业教育主体论彰显了劳动者的伟大地位和光荣使命，劳动者是光荣的奋斗者，劳动精神最可贵；职业教育目的论直接指向劳动者的现实发展和未来发展目标，为劳动者坚定职业教育培训信心，提供了有力保障；职业教育方法论直接指明了生产劳动与因材施教的方法对于培养高端人才的重要性。从具有鲜明的个体性和发展性的“现实的个人”出发，采用个性化和发展性的培训方法，不断满足劳动者的个性化和多样化的培训需要，不断解放和发展人的能力，达到造就一大批高素质和专业化的创新人才的现实目的，以实现人的自由全面发展为终极目标，彰显了马克思恩格斯职业教育理论的特有旨趣。

三、马克思恩格斯职业教育理论的主要启示

马克思恩格斯职业教育理论始终坚持劳动者的主体地位，重视职业教育对劳动者的潜力的开发，即不仅观照人的需要和人的发展，而且充分重视人的能力培养和潜力发挥，并借助有效的手段和方法，旨在造就具有全面发展能力的高端的和专业的劳动力，服务于社会生产力和社会进步，这对于加强当前职业教育理论研究和推动劳动者职业教育培训工作科学开展具有重要启示。

（一）坚持劳动者的主体地位，不断增强劳动者参加职业教育培训的自觉意识

马克思恩格斯职业教育理论启示我们要坚持劳动者的主体地位，增强劳动者参加职业教育培训的自觉意识，不断提升劳动者自身能力。职业教育培训的主体是不同行业和不同

岗位的劳动者。各行业各岗位的劳动者要自觉增强“组织”“岗位”“个人”等三种不同的“角色”主体意识。首先，劳动者要自觉增强“组织”主体意识，明确参加职业教育培训就是服从组织的安排，必须要有强烈的“政治责任心和革命事业心”，严格服从组织的选派要求，做职业教育学习培训的好榜样。其次，劳动者要自觉增强“岗位”主体意识，明确参加职业教育培训就是要提高在本职岗位上发挥聪明才智的真本领，培训是为了更好地提高工作效率，在本职岗位上创造更多的价值。最后，劳动者要自觉增强“个人”主体意识，明确参加职业教育培训是提升自身发展能力的难得机会，要倍加珍惜和切实投入，积极参与学习培训各环节的教学活动，提升自身能力和促进自身发展。劳动者要始终把自身作为职业教育的主体，在参加职业教育培训的过程中，加深对职业教育重要价值和战略意义的认识，切实把职业教育培训与自身岗位工作和职业发展密切互动，不断提高职业教育素养，在火热的实践中把职业教育培训成效转化为促进社会主义现代化建设的生产力，贡献劳动者的光荣力量。

（二）加大职业教育培训力度，努力培养造就高素质专业化创新型劳动者

马克思恩格斯职业教育理论启示我们必须加大对劳动者职业教育培训的力量投入，培养造就一大批高素质专业化创新型劳动者。党的十八大以来，党和国家对职业教育培训工作的重视度和投入力度不断增大，先后印发《国务院关于加快发展现代职业教育的决定》《国家职业教育改革实施方案》《现代职业教育体系建设规划（2014—2020 年）》，不断落实职业教育培训规划，不断提升职业教育服务能力。我国的职业教育培训具有鲜明的特征。第一，职业教育和培训的层级结构日趋明确。初等职业教育、中等职业教育和高等职业教育的三个层级格局已经形成，且培训目标十分明确：初等职业教育培训旨在使学习者获得基本的工作和生活技能；中等职业教育培训旨在为初高中毕业生开展基础性的知识、技术和技能教育，培养技能人才；高等职业教育培训旨在培养专科、本科和研究生等学历层次的职业能力。第二，职业教育培训生成终身学习理念。职业教育培训的目的不仅是培养一大批“能力人”，最重要的是积极促使劳动者养成终身学习的习惯，践行终身学习的理念。职业辅导教育、职业继续教育、劳动者终身学习等终身学习体系的日趋成熟，为满足劳动者的终身学习需要提供了有力保障。

（三）强化问题意识，深入开展职业教育理论跨学科协同研究

马克思恩格斯职业教育理论启示我们要有强烈的问题意识，从劳动者实际需要和劳动者教育培训工作的现实问题出发，积极开展跨学科协同研究。其一，“找问题”，积极梳理职业教育理论研究工作中存在的问题，做到心中有数。当前，国内学者对职业教育理论跨学科协同问题开展的研究并不多，已有学者开辟了职业教育理论协同研究的新路径，以治理论和协同论为理论指导，对职业教育协同治理的基础、框架和路径进行了深刻系统的研究，提出要形成“多元参与、共建共享、良性互动”的职业教育协同治理新格局。而关于跨学科协同问题还存在研究关注度不够、研究队伍不强、协作研究氛围不太浓厚、职业教

育培训工作迫切需要的理论成果供给相对匮乏等亟须解决的问题。其二，“搭台子”，积极搭建多学科多领域职业教育理论协作研究平台，发挥各方智慧。职业教育理论研究是一项复杂的重大的系统工程，随着科学技术的高速发展和人文社会科学作用更加彰显，不仅需要推进哲学、法学、历史学、教育学、管理学、心理学、人工智能学等学科交融，而且需要聚焦职业教育的热点焦点难点问题，主动采取集体协作和多方协同的研究方法。

（四）多方位精准发力，积极推进中国特色职业教育培训话语体系建设

中国特色职业教育培训话语体系是中国特色哲学社会科学话语体系的应有之义。我国作为职业教育大国，必须在职业教育培训话语权上有所作为。首先，从基本国情出发，大力推进初等职业教育、中等职业教育和高等职业教育的三级分类教育体系构建，形成初等中等高等相衔接、专科本科研究生相通融的职业教育学科建设体系，打牢职业教育人才培养的学科基础。其次，从职业教育院校出发，根据学生的个性化特征，积极开展因材施教，努力实现“一人一策、一人一才”的培养方案，对“怪才、偏才”的学生实行特殊培养模式，不拘一格降人才，最大限度地挖掘学生的内在潜力。最后，从职业教育文化建设出发，职业教育的兴旺发达需要全社会成员的共同发力，加快职业教育文化建设，注重开发陶行知、黄炎培等职业教育家的职业教育文化，把职业教育寓于人的发展全过程，积极开展职业发展生涯教育活动，激发全社会成员参与职业教育文化建设。

马克思恩格斯职业教育理论特别强调，要通过职业教育来推动人的能力的建设，不断挖掘、发挥和提升人的能力，促进人的发展，最终达到人的自由解放，这为开展职业教育理论研究和具体工作提供了理论指导，需要学界予以重视和深入研究。学界不仅应深入挖掘和阐释中国特色社会主义理论体系中蕴藏的丰富的职业教育理论资源，而且要广泛借鉴、吸收和应用人类优秀文明成果中的职业教育理论资源，尤其是马克思主义理论工作者和职业教育理论研究与培训者，更应主动承担起这项重大的职责和使命。

第三章　职业教育理论高质量发展的创新研究

第一节　职业教育校企合作失灵的理论

为了进一步推动我国职业教育从外延式发展向内涵式发展转型，切实提高职业教育办学水平和技术技能人才培养质量，党中央、国务院相继出台了《现代职业教育体系建设规划（2014—2020年）》《关于深化产教融合的若干意见》《职业学校校企合作促进办法》等一系列政策文件，着力构建具有中国特色、世界水平的现代职业教育体系，为职业教育校企合作迈向更高水平奠定了坚实基础。不过，在职业教育校企合作蓬勃发展的过程中，一些深层次问题也逐渐开始暴露，其中最为突出的就是校企合作在一定程度上存在"失灵"现象，部分地区的校企合作陷入推进困难、效率低下的窘境。新时期将职业教育校企合作推向深入，首先要摸清校企合作"失灵"的原因和表现，厘清校企合作"失灵"的学理基础，进而找出科学合理的对策。

一、我国职业教育校企合作面临着政府与市场的"双重失灵"困境

（一）市场调节"失灵"导致校企合作难以深化

改革开放以来，随着我国市场经济体制的确立，职业教育也迎来了以经济建设为中心、以服务社会主义现代化建设为基本导向的改革，市场在职业教育领域中的资源配置作用愈发突出。2014年，教育部等六部门联合印发了《现代职业教育体系建设规划（2014—2020年）》（以下简称《规划》），明确指出职业教育办学要"坚持市场需求导向……充分发挥市场在资源配置中的决定性作用""推动学校面向社会需求办学，增强职业教育体系适应市场经济的能力"，正式将市场调节定位为职业教育办学的主导力量。校企合作作为深化职业教育改革的重要组成部分，也应在推进过程中充分发挥市场调节机制的作用。然而，在职业教育校企合作中，市场调节"失灵"的情况相当普遍，导致职业教育校企合作难以取得实质性进展。

第一，职业教育的正外部性使市场调节机制"失灵"，削弱了企业参与校企合作的积极性。职业教育本身具有准公共产品的特性，不论外部的人力资源市场如何变化，职业教

育供给总能从整体上提升社会人力资源的质量和数量，而享受教育供给“红利”的企业则无须单独为此支付成本，这就是职业教育的正外部性。在职业教育校企合作推进过程中，与职业学校开展协同育人的企业为技术技能型人才的培养付出了高昂成本，但培养出来的人才却可能为其他企业所用，于是“搭便车”而不是参与职业教育办学便成为企业实现利益最大化的理性选择。在这种情况下，市场调节不仅没有激发企业参与职业教育办学的积极性，反而弱化了企业与职业学校协同育人的动机。第二，职业教育校企合作过程中，企业与学校双方主体之间的信息、资源不对等使市场调节机制“失灵”，企业不愿意与职业学校开展合作。信息共享、资源互换是职业教育校企合作的逻辑起点，也是校企双方合作得以进行的现实基础。然而，在实际合作中，学校与企业双方所掌握的信息、资源是不对等的，企业依托自身具备的市场信息和资源优势为学校创造的价值远大于学校依靠自身的教育信息和资源优势为企业创造的价值。例如，在校企合作过程中，企业为学校提供的市场需求信息能够大大提升职业学校人才培养的针对性和适应性，这对于职业学校而言是不可或缺的，但职业学校能够为企业提供的教育信息价值则十分有限。同样，在校企协同育人过程中，企业为学校提供的实训场地、设备、技术指导等资源价值巨大，而职业学校为企业提供的有价值的资源十分有限。从经济效益上计算，企业参与职业教育校企协同育人付出大而收益小，自然缺乏积极性。

（二）政府调控“失灵”导致校企合作难以持续

职业教育校企合作市场调节的“失灵”使得政府介入校企合作具备了合理性与必要性。《规划》在指出职业教育办学要“充分发挥市场在资源配置中的决定性作用”的同时，也着重强调了政府调控的重要性。《规划》明确指出职业教育办学要“坚持政府统筹规划，以提高质量、促进就业、服务发展为导向，发挥政府在职业教育体系建设中的引导、规范和督导作用”。这表明我国现代职业教育建设需要政府的统筹规划，这既是保障职业教育公益性的需要，也是确保职业教育规范化发展的要求。尽管政府调控在职业教育校企合作中是必要的，也是合理的，但从校企合作的实践结果来看，政府调控同样存在着“失灵”的情况，常常导致校企合作难以持续。

首先，政府调控职能缺位，导致职业教育校企合作缺乏激励机制和保障措施。如前文所述，由于职业教育校企合作过程中企业与学校之间的信息、资源价值的不对等，仅仅依靠市场调节，企业参与职业教育办学无利可图，因而积极性不高。政府调控的作用之一，就是建立校企合作的激励机制和保障措施，通过政策支持、财税倾斜等措施放大企业与职业学校协同育人的经济效益，通过建立完善的规章制度保障企业的合理合法权益。然而，当前很多地方政府并未意识到政府调控在校企合作中的作用和意义，造成政府调控职能缺位，未能补上市场调节“失灵”的“短板”。其次，政府调控职能越位，导致职业教育校企合作行政束缚过多、难以深入实施。我国的职业教育主体是公办职业学校，在管理体制上，学校的投资主体是政府，资源调配的审批权和重大校务的决定权则在教育主管部门手中。由于公办职业学校的办学自主权普遍不足，因此在职业教育校企合作过程中，政府调控职能的越位现象比比皆是。例如，凡是大范围、深层次的校企合作，必然涉及资金、设备、场地等资源的使用、处置问题，而一旦涉及这些问题，就需要向上级领导部门请示汇报，手续繁复，流程冗长，导致校企合作效率低下、推进困难。最后，政府调控职能错位，导致职业教育校企合作多头管理、协调性差。当前我国政府机构设置冗杂、政出多门的现象客观存在，而职业教育校企合作又是一项牵涉面很广的系统工程，政府机构设置本身的问题导致其在介入校企合作的过程中难免出现职能错位，短时间内又难以改善，使得合作中的学校和企业始终处于“进退两难”的尴尬境地。

二、职业教育校企合作“失灵”的理论根源分析

（一）产权理论：产权界定不清晰，教育资源与产业资源难以有效整合

产权是指财产所有权，具体包括所有权人依法对自己财产享有的占有、使用、收益和处分的权利。西方经济学中的产权问题在古典经济学中就已经有所涉及，但系统的产权理论诞生于20世纪下半叶。美国经济学家科斯是现代产权理论的奠基者和主要代表，他以自由市场经济运行的制度基础为研究切入点，通过明确产权的定义，系统论述因产权产生的成本和收益，从法律和经济的双重角度阐明了产权理论的基本内涵。科斯认为，产权是现代自由市场经济系统中具有决定性意义的要素，它直接决定着社会资源配置的效率。确保自由市场经济运作高效率的产权应当具备四个特征：一是明确性，即产权的界定应当同时包括财产所有权人所享受的各种财产权利以及限制和破坏这种权利时遭受的惩罚；二是专有性，即财产所有权人采取任何处置财产的行为所产生的利益或者损失，都由其自身承担；三是可转让性，即财产所有权人有权让渡自身的财产；四是可操作性，即财产所有权人能够依据自己的意愿，通过合法、规范的方法、途径、手段处置拥有的财产。科斯产权理论的核心是高度重视自由市场经济活动中产权制度的安排，认为通过明确的产权界定和安排，能够在规范社会主体行为的同时减少社会交易的总成本，从而达到社会经济效益的最大化。

职业教育校企合作具有典型的跨界特征，要整合具有公益性的教育资源与具有经济性的产业资源，必然面临诸多难以解决的产权问题，如学校与企业在合作过程中对各自的无形资产产生的溢出收益如何分配的问题；校企双方共同投入资源建设的实验室、实训基地等的处置权归属问题等。加之不少地区校企共建实训实习基地的土地资源、基础设施等往往来自地方政府的支持，就使得产权问题进一步复杂化。校企合作涉及的资产类型众多，而很多资产的产权界定又十分模糊，根本达不到明确性、专有性、可转让性和可操作性的要求，导致学校和企业双方在协同育人过程中束手束脚，难以充分发挥出资源整合的正向效应。

（二）理性选择理论：信息掌握不完全，校企合作效用最大化难以实现

理性选择理论是20世纪80年代兴起于西方的一种社会学理论，它以“理性”来解释社会行为产生的动机和发生的过程。“理性”一词在西方的学术历史中具有非同寻常的意义，但作为社会学理论中的概念，它主要指工具理性，即以最小的代价去获取最大利益的、合目的性的选择。早期的传统理性选择理论包含两个基本的理论观点：一是实现自身利益最大化是每个人最根本的行为动机；二是在具体情境中，人有条件选择不同的策略来达到目的。20世纪80年代，新兴古典经济学派的学者在发展传统理性选择理论的过程中，新增了对人的行为的两项假定：一是完全信息假定，即人在追求自身利益最大化的过程中，能够完全掌握所需要的相关信息；二是效用最大化假定，即人根据所获取的信息来分析和衡量，能够按照最有利于自身目标实现的原则做出决策。实际上，职业教育校企合作就是政府、学校、企业、学生在达成理性选择共识的前提下，所采取的能使各方利益最大化的合作发展策略。尽管从宏观层面来看，深化职业教育校企合作是“多方共赢”的美好方案，既能实现职业学校培养高素质技能型人才的目标，又能为企业输送高质量的人力资源，同时还能增强学生的知识和技能，但从微观层面来看，具体到每个学校、企业、学生，却未必如理论假设般美好。首先，校企合作的基础和重点是资源交换，在此过程中，作为理性主体的学校和企业都希望通过交付较少的资源来收获更大的利益，但当前校企之间存在明显的资源交换不对等，学校对企业资源的依赖远大于企业对学校资源的依赖，造成企业与职业院校开展合作时有一种被剥夺感。其次，理性选择理论中的完全信息假定和效用最大化假定不符合社会实践中的实际情况。一方面，学校和企业都不能完全、充分地掌握相关信息，为主体之间建立互信关系埋下隐患；另一方面，学校和企业都有可能因为短期、局部利益而做出牺牲长期、整体利益的决策，从而导致校企合作走向崩溃。

（三）委托代理理论：多重委托代理制约失效，校企合作上传下达不畅

委托代理理论是研究委托关系的理论。20世纪30年代，美国经济学家伯利和米恩斯在研究企业治理问题时发现，企业所有者和经营者一体化的体制存在明显弊端，因为很多企业创立者缺乏经营管理方面的专业知识，他们在企业扩大到一定规模后常常因为难以及时转变自身角色和管理方式而让企业陷入困境。为了优化企业的治理结构，伯利和米恩斯提出了“委托代理理论”，主张企业的所有权和经营权应当分离，由企业所有者保留剩余价值索取权，将经营权让渡给专业的职业经理人。随着美国自由市场经济体系的日渐复杂和公司治理体系的逐渐成熟，“委托代理理论”在指导经济实践过程中取得了巨大成功，进而成为现代公司治理的逻辑起点。在当代社会，随着社会分工的精细化和学科知识的专业化，委托代理关系普遍存在于各类社会组织和经济组织之中。尽管委托代理已经在实践检验中被证明是一种卓有成效的治理模式，但其仍存在弊端，主要表现为委托人与代理人之间常常存在利益冲突。没有有效制度安排的委托代理关系，最终可能损害委托人的利益。职业教育校企合作本质上也是在委托代理关系中展开的。在行政治理层面，中央政府和国

家教育行政部门作为委托人，将校企合作的政策制定、过程管理和资源筹集等任务委托给地方政府和教育主管部门，而地方政府和教育主管部门又作为委托人，将自身承担的工作任务委托给具体的政府机关相关人员来执行。在校企合作实施层面，职业学校和行业企业作为委托人，将校企合作的资源需求、政策需求委托给地方政府和教育主管部门。校企合作过程中的多重委托代理关系造成了两方面的问题：一是相关政策、决议在上传下达以及落实执行的过程中，容易因为代理人的“过滤”而产生弱化效应；二是代理人在执行委托方指令的过程中，可能因为个人利益而故意模糊责任边界，或者阳奉阴违。校企合作中的委托代理失效问题，与公司中的委托代理弊端本质上是一致的，原因都是委托代理关系中的制约制度安排不当。

（四）寻租理论：设租和寻租难以避免，消解了校企合作的有效性

寻租理论是20世纪70年代美国经济学家克鲁格（Krueger）在研究国际贸易领域的保护主义政策形成原因时提出来的。寻租理论创新了理解现代社会经济学的研究方法，有力地解释了一些长期困扰社会学界、经济学界的社会经济现象。寻租理论的核心概念是“租”，经济学中的租是指某种生产要素的所有者配置该要素时所取得的超额收益。之所以在社会经济系统中存在这种超额收益，是因为社会经济总是处于不均衡的状态，在某一时空条件下，生产要素配置于一些特定的产业所能获取的收益总是高于配置于其他的产业。在自由竞争的条件下，超额收益存在的产业总是会吸引更多的社会主体参与，从而造成该产业的总供给增加，利润被不断摊薄，直至生产要素配置于该产业的投资回报率无限趋近于全产业的平均投资回报率时，“租”才会消失。“寻租”则是指在社会经济系统中存在这样一种“租”，它基于行政、法律或制度的力量而产生，通过人为阻碍生产要素自由流动的方式来达到攫取或维护超额利润的目的。当社会中的某类主体通过行政、法律或制度的手段来维护既得经济利益时，“寻租”便发生了。“寻租”的负面效应在于，它不像“租”那样能够引导社会资源优化配置，仅仅是借助强力手段攫取或维护既得经济利益，因此反而会降低社会资源配置的效率。由于我国的职业教育主体仍是公办院校，教育市场化程度不充分，这就造成了职业教育校企合作的资源配置同时受行政管理指令和市场调节机制的双重影响，使得权力设租与寻租有了操作空间。一旦行政权力对校企合作过程的干预过度或者疏于监管，寻租行为就会成为现实。当设租与寻租者谋取到超额收益以后，就会带动更多人投入寻租活动，推高职业教育校企合作的制度成本，恶化校企合作的生态环境，最终影响职业教育校企合作的整体进程。

三、职业教育校企合作“失灵”的解决路径

理清了职业教育校企合作“失灵”的逻辑理路，需要按图索骥，凭借理论指导打通校企合作过程中的体制机制梗阻，立足于职业学校教学实际和行业企业的发展需求制定相应的政策措施，做好统筹规划，综合施策，才能有效地解决校企合作“失灵”的问题，开创

职业教育校企合作的新局面。

（一）推动职业教育“计划委托”和“市场购买”的有机结合

第一，要坚持职业教育的“计划委托”管理体制，避免校企合作过度市场化。长期以来，我国的职业教育改革一直以市场化为基本方向，这在一定程度上形成了一种社会性错觉，似乎只有走教育市场化的道路，才能激发职业学校的办学活力。实际上，职业教育作为一种准公共产品，推动其供给的市场化、民营化和多元化，绝不意味着政府作为公共产品供给主体责任的弱化，其他社会主体供给公共产品同样需要政府的指导和支持。当前政府调控职业教育校企合作“失灵”的问题，根源并非在于政府不应该干预职业教育办学，而是一些地方政府未能厘清政府与市场的关系，没有正确发挥政府职能。因此，推动职业教育校企合作走向深入，不仅不能弱化政府职能，还要在切实转变政府职能的基础上进一步强化政府的主体责任，这也是《规划》明确要求“发挥政府在职业教育体系建设中的引导、规范和督导作用”的意义所在。第二，要持续优化完善职业教育校企合作的“市场购买”制度，让企业在参与职业教育校企合作过程中拥有更多“获得感”。职业教育校企合作首先是一种市场化的办学行为，要推动职业教育校企合作持续深入发展，就必须建立以市场化为导向的校企合作长效机制。当前职业教育校企合作市场调节机制之所以存在“失灵”问题，关键在于企业参与职业学校合作育人无利可图，因此，要建立校企合作长效机制，就要尽快建立并完善校企合作的“市场购买”制度。首先，各级地方政府和教育主管部门要真抓实干，贯彻落实好教育部等六部门制定的《职业学校校企合作促进办法》，为职业教育校企合作深入开展营造良好的制度环境，将国家制定的企业参与校企合作的补贴标准落实到位。其次，各级地方政府应当根据区域产业经济发展情况，结合职业教育办学实际，出台地方性的校企合作支持政策，通过税收减免、融资支持等多种手段增强职业教育校企合作的吸引力。最后，各职业学校要着力提升自身的社会服务能力，通过为企业提供丰富多样的专业服务来使企业参与职业教育办学的经济效益最大化。

（二）构建交易成本与风险共担机制，强化产权保障

职业教育校企合作具有复杂性、长期性、跨界性的特征，要实现校企合作的可持续发展，建立良性的校企合作运行机制是关键。建立校企合作良性运行机制的基础，则是构建职业教育校企合作交易成本与风险共担机制。如前文所述，职业教育具有正外部性，即职业学校向社会提供的教育产品和服务对社会公共利益会产生溢出效应，企业在享受职业教育成果时无须支付任何费用。因此，企业最经济的选择不是与职业学校协同育人，而是“搭便车”，即雇佣其他企业与职业学校联合培育人才，从而将自己本应负担的成本转嫁给其他企业。当这种“搭便车”思维普遍存在时，势必导致职业教育校企合作陷入所有企业都需要但都不参与的尴尬境地。为了抑制企业的“搭便车”行为，有必要建立职业教育校企

合作的成本和风险共担机制，尽可能地降低企业参与校企合作的总体成本。在具体办法上，一方面，可以推行股份制的校企合作模式，以企业的用人需求为导向，由企业与职业学校共同建设独立运行的教育实体，双方共同投入资源，并将各自投入的资源折算成相应的股份，双方共同承担责任和义务。另一方面，可以建立育人成本分层分摊的校企合作模式。例如，校企合作过程中通常由企业负责提供市场需求信息，教育内容的适应性成本和风险应当由企业承担；技术攻关和研发通常由职业学校负责，相关研究的可行性及其产生的成本和风险应当由学校承担。此外，要切实降低企业参与职业教育校企合作的成本，强化产权保障。校企合作不可避免地会涉及产权问题，如果产权界定不清晰，合理权益无法得到有效保障，企业就不可能放心大胆地投入资金资源到校企合作项目中，也就不可能杜绝“搭便车”的行为。因此，建立科学合理的产权保护机制，是促进校企合作的重要保障。在此过程中，各级地方政府应当扮演好领导者和协调者的角色，充分发挥自身职能，在职业教育校企合作协议落地之前，先行做好企业和学校准备投入资源的产权界定工作，既要明确每一份资产的产权归属，也要合理评估每一项资产的市场价值，为双方建立股份制校企合作模式奠定基础，尽可能地帮助企业管理者克服担心资产流失的心理障碍，同时最大限度地规避校企合作过程中可能产生的产权纠纷。

（三）建立第三方协调服务机制

职业教育校企合作是融合产业与教育两大社会领域的跨界性行为，如何构建校企双方主体之间的信任关系，杜绝合作过程中的机会主义倾向并尽可能地减少摩擦纠纷，就成为一项非常重要而又具有挑战性的工作。笔者认为，构建校企主体之间的信任关系，建立第三方服务协调机制是可行之策。校企合作第三方服务协调机制的行为主体应当具有两方面的特征：一是与行业、产业紧密联系，拥有较强的产业资源调动能力，并掌握行业发展动态以及市场需求等相关信息；二是与职业教育直接相关，既对职业教育有需求，又能指导职业教育办学。从以上分析可知，最符合这些特征的社会主体就是行业组织，因此，要保障校企合作可持续发展，就有必要建立以行业组织为主体的第三方服务协调机制。实际上，在校企合作中引入行业组织，除了能够有效协调校企之间的合作关系并承担一定的专业服务工作以外，至少还有两方面的好处。第一，有利于职业教育校企合作范围的拓展。当前校企合作效率低下的重要原因之一就是很多地区的校企合作接洽仍是“点对点”的形式，即职业学校的校长、老师作为联络人，到市场上寻求与产业、行业主体合作的机会。由于接触面狭窄，很多有价值的校企合作项目因找不到合适的合作对象而无法落地。行业组织掌握着充分的行业信息，对市场需求也有着较为深刻的把握，通过行业组织“牵线搭桥”，就能大大提升职业教育校企合作的效率，提高为相关协同育人项目匹配合适资源的概率。第二，有利于校企合作管理的规范化。学校由教育主管部门管理，企业由工商部门管理，由此导致了当前职业教育校企合作过程中的政出多门、多头管理问题，影响了校企合作的正常推进。通过引入行业组织，一方面有助于完善政府与学校之间的委托代理机制，为政府和教育主管部门分担一部分管理工作；另一方面能够强化政、校、企三方的资源整合力度，牵头制订相应的行业规则和规章制度，优化校企合作的管理机制，促进校企合作管理的规范化。在建立以行业组织为主体的职业教育校企合作第三方协调服务机制的具体办法上，重点要做好两方面的工作：一是由行业组织牵头建立职业教育校企合作行业指导委员会，搭建校企合作平台。行业指导委员会可以将自身职能定位于权威信息发布、人才培养及行业标准制订、资源适配、合作渠道拓展等，同时承担校企合作激励机制、监督评估机制、管理协调机制构建的职能，推动职业教育校企合作的规范化发展。二是由行业组织牵头建立校企合作服务机构，为校企合作提供全方位、专业化的服务。校企合作服务机构可以承担行业研究、市场需求调研分析、职校生就业指导、人才质量评定等职能，促进职业教育校企合作的科学发展。

（四）建立利益共同体，化解校企合作冲突

职业教育校企合作作为一种跨界性合作行为，参与主体众多，牵涉面极广，因而面对的利益诉求更加复杂多元，矛盾冲突也更加繁杂剧烈。在这种局面下，要确保校企合作关系的维系和良好发展，就必须建立校企合作利益共同体，最大限度地满足各方合作主体的利益诉求，化解校企合作过程中可能出现的矛盾冲突。第一，各方主体要树立利益共同体思维，充分肯定和尊重企业的经济利益诉求。不可否认，教育本身不能摆脱公益属性，但同时我们也必须看到，教育尤其是职业教育必然具有经济属性，企业参与职业教育办学获得合理回报是正当诉求。正因如此，政府、教育主管部门和职业学校必须深化对校企合作的认知和理解，树立利益共同体思维，充分肯定和尊重企业参与职业教育协同育人的经济利益诉求，切不可一味地将企业参与校企合作的积极性不高归咎于企业经营管理者缺乏社会责任心，而应当积极想办法满足企业的合理经济利益诉求，激发企业参与校企合作的内在动力。第二，采取措施，将职业教育的正外部性内部化。职业教育本身的正外部性使得职业学校与合作企业之间难以做好利益平衡。解决职业教育供给的正外部性问题，除了构建校企合作交易成本与风险的共担机制、为企业“节流”以外，还应想方设法地将职业教育的正外部性内部化，尽量将职业教育供给造成的溢出收益转化为教育供给主体的内部收益，从而提高企业参与校企合作的收益率。例如，政府可以针对未参与职业教育校企合作的企业增收税费，所得资金用于补贴参与职业教育校企合作的企业，如此一来，就补偿了相关企业因职业教育正外部性所造成的损失。第三，职业学校要充分利用自身的科研优势、技术优势和人才优势，与合作企业共建技术研发平台，依托学校的实验室以及企业的生产线，重点攻关企业急需的技术、工艺，逐步形成科研与应用一体、教学与研发一体、科研与创收一体的科研运行机制，帮助企业降低研发成本，提高产品附加值，为企业创造更大的经济效益。

第二节 工业 4.0 时代职业教育发展的理论

基于工业 4.0 进程“势在必行”与职业教育发展“力不从心”的严重失调进行职业教育发展研究。工业 4.0 时代职业教育发展研究不只是研究“职业教育”和“职业人才”，而是研究职业教育发展与现代经济社会发展的“合理关系”，这种关系的复杂性决定了职业教育存在三种发展逻辑：生态逻辑、合理逻辑和秩序逻辑。三种逻辑源自三个领域的理论支持：生态学、经济学和公共管理学。其中生态学理论解决的是职业教育与企业的内生关系问题，经济学理论解决的是职业教育与经济社会的共享关系问题，公共管理学解决的是职业教育与社会的冲突化解问题。职业教育在生态视域下应与企业发展方向相一致，在经济视域下应与社会现有资源相吻合，在公共管理视域下应与社会公平秩序趋势相呼应。以上三条实现路径在未来的职业教育发展进程中绝非简单的线性关系，而是一种彼此交融、立体交叉的非线性关系，它们共同驱动工业 4.0 时代职业教育的发展。

一、在生态逻辑追求中建构职业教育校企有机合作路径

工业 4.0 时代的到来昭示着人类历史进入崭新的时代，带来了职业教育发展史无前例的时代挑战。作为信息技术具有世界相对领先优势的中国，有责任、有义务做好职业教育创新发展的表率，积极探寻适应工业 4.0 时代环境的职业教育发展对策。由于工业 4.0 属于环境变化，因而首要的理论路径是引援生态学的支持，只有深刻把握好职业教育与外部企业环境之间的相互关系，实现职业教育的可持续发展才成为可能。而工业 4.0 时代在职业教育环境系统中的核心关系对象是与工业 4.0 时代智能生产相关的企业，由此解决职业教育生态发展问题的关键是解决职业院校（包括学校和培训机构）与企业的关系问题，这恰好与长期以来一直困扰职业教育学术界和实践者的职业教育校企合作关系问题不谋而合。

（一）生态逻辑是职业教育校企有机合作的内在基础

“生态学”一词由希腊文“oikos”一词演变而来，原意为“住所”或“生活所在地”。可见，从原始意义上来看，生态学是研究生物与其生活所在地关系的一门学科。加拿大生态学家克雷布斯将生态学理解为“研究生物有机分布与多度及其相互作用关系的科学”。当前，联合国和各国政府均已将生态学的基本原则视为经济社会可持续发展的理论基础。正因为只有符合自然进化方向的“合作关系”才能获得“强大的遗传基因”击破合作的消解力量，只有符合企业发展方向的“合作创新”才能激起合作企业的“热情和动力”化解合作的肤浅危机。引入生态学的相关理论可将职业院校与企业的可持续性合作关系纳入生态学视域内予以阐明。生态学揭示了职业教育校企合作的三层逻辑：一是正负反馈逻辑，二是自私

基因逻辑，三是可持续适应发展逻辑。

反馈原指“当系统的一个部分发生变化，并且该变化在系统其他部分形成效应链之后，该变化在原发生部分所产生的影响”。其中负反馈代表稳定力量，作用是维护系统稳定，正反馈代表变革力量，作用是促进系统变化，系统就是在正负反馈作用下稳定地进行自我完善和发展。据此逻辑，职业院校与企业建立有机合作要构建正负反馈机制，负反馈机制的构建便于进行“善后处理”，保证各项合作事宜不会脱离合作目标顺利进行，正反馈机制的构建有利于进行“障碍或问题处理”，保证各项合作事宜顺利达到合作目标。

Charles Robert Darwin 认为适者生存的关键在于“自私”。Dawkins 指出“个体是基因的临时载体……所以最成功的基因就是那些最有效地促进个体存活和生存的基因，而动物的行为也将最大限度地促进基因的存活。在基因利益上，任何个体的行为都是自私的……”“而个体之间亲缘关系越近，所含的相同基因就越多……个体喜爱帮助近亲，或与之合作……在本质上仍然是自私的”。照此逻辑，职业院校与企业有机合作的关键在于挖掘或创造“共同自私基因”，如此，双方合作中的利他行为即便可能给自己带来潜在损失或风险，但利他者仍不会放弃帮助对方，因为长远来看这种表面的损己行为带来的是本质“共同自私基因的遗传”，即共同利益长期持续稳定的收获。

Edward Howe 认为“可持续发展是在保持自然资源生态功能的前提下，使经济发展的净利益增加到最大限度”，而“弹性是指在偶然的、剧烈的干扰下一个生态系统或社会系统仍能持续运作的能力”。可见，弹性是系统可持续发展的支柱，“拥有弹性的关键是预期到事物如何发生故障以及为最坏的结果做打算”。依此逻辑，职业院校与企业形成持续性的有机合作体系应建立弹性机制动态预警、评估和调试合作进程，并就问题进行修改或修正。这种弹性机制首先提供了可持续合作发展机会，其次加强了应对合作中严重问题的能力，同时还避免了合作中潜在严重问题作用的可能。

（二）以生态逻辑为导向的职业教育校企有机合作路径

理论之所以会有强大的生命，并不在于其能通盘破解各种难题，而在于它始终蕴藏着“巨大张力”，为人们解决切身感悟问题提供了各种可能思路。基于三种生态逻辑的追求，工业 4.0 时代职业院校与企业开展有机合作可从三条路径切入进行建构。

第一，构建多维立体互动反馈机制，养成合作主体畅通沟通的习惯。当前部分高科技企业虽成绩斐然，但并没有做出其对职业教育发展应有的贡献，正如职业教育并没有做出其对经济社会发展应有的支持。如此“惨淡与隔离”的“恶性循环”局面在应对工业 4.0 时代智能技术日新月异的冲击下“后果不堪设想”。因此实现职业教育校企主体间的对话与无障碍沟通，呼吁多维立体互动反馈机制的构建。这种反馈机制至少要具备三个功能：一是实现合作主体价值创造的同步，即通过校企间的互动反馈使职业院校与企业科技发展保持良性互动循环。二是消除合作主体实践上的“知行鸿沟”，即通过校企间的互动反馈使职业院校实践教学与企业生产实践实现无缝对接。换言之，职业院校应为企业贡献有价值的教育服务，企业应为职业院校贡献有价值的教育资源。三是框定合作问题并将复杂问题简单化，即通过校企间的互动反馈，提炼职业院校与企业合作过程中的重大问题并进行归纳，使所有行动都可以围绕几大模块问题进行思考，进而将纷繁复杂的问题变得简单明了。

第二，构建利益共同体合作机制，保持稳定的共同利益目标行动。聚集性企业资源优势并未造就其与职业教育的联动发展优势，究其本质原因是“共同自私基因”的不作为。一方面企业参与职业教育的“收益”并未让企业获得更大的“利益蛋糕”，另一方面职业院校与企业的合作谈判中因无法切中“利益要害”而吸引力不足。因此，实现校企合作主体间“自愿和激情”的联动发展，有赖于校企利益共同体合作机制的构建。这种合作机制的构建应遵循四个原则：一是优势互补最大化原则，即职业院校与企业之间应达到最大限度的优势互补，从而形成应对各自发展挑战的协力优势；二是利益最接近原则，即职业院校和企业都应寻找与自身利益最接近的合作伙伴，从而加速“共同自私基因”的传递，即共同利益的获取；三是合作方式通用性原则，即职业院校应发掘大多数企业都认同并愿意接受的合作方式，从而有利于吸纳更多的企业于合作共同体中，为每个合作企业创造最大的利益份额；四是目光长远性原则，即职业院校与企业间的合作开展不能仅局限于当下即时的小利益，而应关照未来更大的利益获得。

第三，构建可持续合作弹性调整机制，及时纠正行动偏差，确保合作秩序。中国职业教育发展进程中诸多行动虽缺乏经验，但仍要本着与时代接轨的主旨坚持创新之路，因而在校企合作行动的探索路上，不但要勇于尝试，还要有能力“自我调适”，建立规范的合作秩序，由此能够及时纠正行动偏差的可持续性合作弹性调整机制不可或缺。职业院校与企业可持续性合作弹性调整机制应着力完成四项基本任务：一是定期评估校企合作事宜；二是动态洞察校企合作进程中的矛盾或冲突；三是深层剖析影响合作进程或合作效益的本质原因；四是适时做出调整或改进方案的正确决策并将决策落实到行动中来。

二、在合理逻辑追求中建构职业教育共享资源支持路径

工业 4.0 时代的核心技术之一是互联网技术，“在新兴的互联网平台上，人们不再把所有权看作获得产品的最佳方式，不再注重购买、拥有产品或服务，反而更多地采取一种合作分享思维方式，更倾向于暂时获得产品或服务，或与他人分享产品或服务。使用但不占用，是分享经济最简洁的表述”。由此，工业 4.0时代背景下，作为互联网技术的领先国家，应率先将共享经济思维纳入职业教育发展领域，依托共享经济模式获得更多的职业教育资源支持，追求工业 4.0 时代的合理发展速度与发展规模。

（一）共享经济是创造职业教育资源“低耗高产”的新引擎

资源（包括物质资源、人力资源、技术资源等）的短缺是职业教育长期以来的发展瓶颈，如校内实训室的建设、校外实践教学基地的建设、现代学徒制的师傅队伍建设等，虽

耗用了职业院校大量的精力和财力但收效并未达到预期理想。工业 4.0 时代互联网发展的共享经济模式或许能够成为推动职业教育“低耗高产”的新引擎。共享经济之所以能够开辟职业教育资源探索的新途径，源于其为职业教育资源供给带来了三大机遇。

一是提高社会闲置职业教育资源的再利用率。因共享经济“通常指围绕一个技术平台，促进商品、资产和服务在不同个体和动态领域集合间的交换”“在分享经济下，我们追求资源的使用价值，而非产品本身，即使用所有权，而不占有使用权”。受此启发，职业院校可与企业共享资源，提高彼此闲置资源的使用率，将企业中职业教育资源由闲置态转为利用态。例如，企业中的工匠型师傅可通过共享平台获得弹性化和灵活性的工作机会，使其不仅能在企业发挥生产职能，还能合理地兼职于职业院校发挥教学职能，实现个人技术技能的功能最大化。再如，职业院校校内实训室可在寒暑假或空闲时间通过共享平台为企业提供培训场所，既提高了实训室的使用率，又增加了职业院校与企业的潜在合作机会。

二是共享高价值设备资源，降低职业教育发展成本。职业教育区别于普通高等教育的最显著标志是职业教育对实践性教学资源（场地、设备、技术、教师等资源）的依赖，这是职业教育发展成本高的直接原因。不可回避的尴尬是很多职业院校耗费了大量的人力、物力和财力采购实训设备，但建成的实训室常因落后于企业最新生产技术或生产要求成了“滞后品”或“闲置品”，这无疑造成了职业教育投入的巨大浪费。英国学者托马斯·史班达认为“未来……企业与企业之间的资源共享将呈现巨大的发展潜力，对于重型设备等高价值资源的共享将为企业带来巨大的收益”。受其启发，未来职业发展应借助共享经济的优势实现职业院校与企业之间高价值设备或资源的分享，从而避免职业教育发展中不必要的资源浪费，使职业教育消耗由高成本走向低成本。

三是驱动职业院校的创新个性化发展行动。“进入分享经济大门就是按需经济。按需经济实现后，我们就进入了人人分享，各取所需的阶段。”创新是职业院校发展的永恒主题，以往“理想丰满，现实骨感”的局面多数源于现实的资源支持无法支撑美好的设计蓝图，因而分享经济为职业院校在追求创新的征途上消除了“资源短缺恐惧”，可驱动职业院校创新发展行动由理想走向现实。如此，未来职业教育发展进程中可尝试构建职业教育资源共享平台，以便任何一个职业院校均可结合自身特色设计具有创意的发展方案，进而可自如地在此平台上获得需求资源，以低成本的支付获得所需时间内的资源使用权直至方案落地。

（二）以共享经济为导航的职业教育资源“剩余分享”路径

共享经济是一种崭新的资源获取思维模式，工业 4.0 时代大数据和互联网技术的强劲优势为以共享经济为导向的职业教育资源共享平台的构建提供了可能。“分享经济的意义在于实现全社会的剩余资源匹配”，为此，基于合理发展逻辑的追求，职业教育以共享经济理念为导航，整合工业 4.0 信息技术优势，通过资源共享平台的打造和运行可开辟职业教育资源“剩余分享”的四条路径。

第一，基于共享平台对接功能，实现职业教育场所使用权剩余的分享。使用权分享解决了职业教育发展中实践教学基地紧缺的难题，将职业教育场所的存在形式由原有的固定化转变为非固定化，由原本的占有形式转变为使用形式，将原来的仅限白天使用转变为不受时间限制。职业教育资源共享平台将为企业、职业院校和其他社会成员提供闲置职业教育场所使用权的共享服务，充分调动社会上一切沉淀的能为职业教育提供场所使用权的闲置资产，丰富职业教育场所资源。职业教育场所需求者与供给者可直接通过平台进行对接，职业教育场所使用权短时间的再分配不仅创造了额外价值获得，同时节约了职业教育场所建设的经济和时间成本。

第二，基于共享平台集聚功能，实现"工匠型"师资时间剩余的分享。根据美国互联网思想家 Clay Shirky 的认知盈余观点：只要将全世界的自由时间进行聚集，不但可以让人们利用自己的自由时间创造价值，而且能够创造更多的新资源。据此，时间剩余分享剔除职业教育发展中"工匠型师资"紧缺的瓶颈，利用职业教育资源共享平台，将分散于社会各领域或企业各岗位"工匠型人才"的闲置时间充分利用起来，再赋予他们职业教育教师或师傅的新身份，通过现场指导或直播教学或教学视频录制等多种形式释放自己的教育能量。

第三，基于共享平台教育功能，实现职业教育课程新资源剩余的分享。众所周知，职业教育任何一门精品课程的开发和制作过程都是一部辛酸史。课程作为教育的手段应同教育一样具备公共属性，有权被更多的教育需求对象分享，但实践中的精品课程往往停留于制作成功的成就感，并没有发挥课程的规模化教育意义。因而职业教育资源共享平台同时要充当课程分享平台，让所有优秀的课程都能在平台上发挥应有的教学价值，同时也能获得相应的利益回报，这无疑缓解了职业教育课程资源短缺的现状，以较低的成本打破了传统课程的流通壁垒，实现课程价值的最优化。

第四，基于共享平台流通功能，实现实践教学设备所有权剩余的分享。工业 4.0 时代技术日新月异，实践教学设备尤其是电子或数码类设备更新速度将随之加快。作为经济发达城市，职业教育必将紧跟企业或技术革新潮流走在变革前列，不断升级相关实践教学设备。被更替下来的闲置设备逐渐增多之后，可通过职业教育资源共享平台将其剩余所有权或价值与相对不发达地区的职业院校进行剩余分享。一方面转让者可以合法地获得淘汰设备剩余所有权的收益用于支付新设备，从而变相降低新设备的采购成本；另一方面被转让者可以以低廉价格采购所需设备，从而降低采购成本。如此，一旦所有职业院校都将闲置的实践教学设备进行有偿分享，职业院校就可根据实际支付能力自如地以低成本按需采购实践教学设备。

三、在秩序发展逻辑追求中建构职业教育多中心公平治理路径

因职业教育发展触及"学校、政府、企业、行业等多方成员"的特殊性，职业教育（包

括职业院校）会发现自身缺乏足够的能力和技巧去独立应对突如其来的工业 4.0 时代变革。“多中心治理是一种直接对立于一元或单中心权威秩序的思维，它意味着地方组织为了有效地进行公共事务管理和提供公共服务，实现持续发展的绩效目标，由社会中多元的独立行为主体，基于一定的集体行动规则，通过相互博弈、相互调适、共同参与合作等互动关系，形成多样化的公共事务管理制度或组织模式。”因而有可能实现职业教育的公平秩序发展。

（一）多中心治理是职业教育“三效发展”的理想出路

未来，职业教育创新发展路上需要一种能够彻底彰显“秩序与公平”，充分调动各方职业教育发展力量的全新治理逻辑方法来获取“力量倍增器”。职业教育多中心治理之所以可以成为职业教育应对工业 4.0 时代激变的理想出路，关键在于其本质上是把多方主体的合作作为职业教育秩序化发展的行动宗旨和行动方式，这种合作动机来自三个方面的收获。一是收获更高的发展效率。大部分职业院校都是公办性质，它们肩负着透明公平等公众压力，不得不以牺牲发展效率最大化为代价，因而多中心治理可以将其从压力中释放出来去真正追求职业教育发展应有的效率。二是收获更大的发展效益。多中心治理模式下的职业教育发展已演化成由政府、企业、学校或机构和其他职业教育参与者共同行动的行为结果，行动者将通过交换资源、共享资源开展有效的集体行动，从而变相地以低成本收获利己资源获得更大的发展效益。三是收获更优的发展效果。即使拥有丰富的企业资源，但职业教育发展效果却不尽如人意，这是因为并非简单给予企业职业教育“伙伴”或“合作者”等外在封号就能彻底解决校企合作的困境，关键还是要让企业主观上认同职业教育参与者的身份。多中心治理模式下职业教育的各参与主体能够从主观层面认同所被赋予的身份，从而激发内在动机致力于职业教育发展各项行动并达到理想的发展效果。

（二）以“三效发展”为目标的职业教育多中心治理变革路径

职业教育发展虽少了些经验和积累，但也少了些传统影响和束缚。作为改革开放的前沿阵地，理应充当职业教育治理改革的先行者，率先开辟职业教育公平与秩序的发展路径追求“三效发展”。据此，职业教育追求“三效发展”的多中心公平治理变革可通过实施“三三工程、三效提升”路径来实现。

一是实施“三联三变”工程，提升职业教育发展效率。作为改革创新城市的模范阵地，工业 4.0 时代最大的职业教育资源优势是其拥有领先全国其他城市的高科技、创新型民营企业资源和相对开放灵活的政府支持。理论上讲，工业 4.0 时代应该拥有理想的职业教育发展效率，但现实中的职业教育发展效率却不尽如人意。因此，职业教育应充分利用自身的先天优势，无论是公办还是民办职业院校均应摒弃传统“服从政府，听命上级”的半封闭式“自我陶醉”发展模式，遵循多中心治理逻辑，通过职业教育发展共同体成员“政校联合、校际联动、校企联盟”的三联行动，实现政府角色由“主导者”到“参与者”、企业角色由“旁观者”到“当局者”、学校角色由“独行者”到“协同者”的三项转变，以“效率追求”为发展主旨，确保职业教育各项改革与企业、技术的领先发展节奏“同步”或“超前”，在职业教育与经济社会协同发展的历史进程中提升职业教育的治理效率。

二是实施“三共三通”工程，提升职业教育发展效益。工业 4.0 时代多中心治理模式下的职业教育发展将演化成由政府、企业、职业院校或机构和其他职业教育参与者共同行动的行为结果。为了收获更好的结果，行动者必须对职业教育的各项资源进行重新安排，使得职业教育的发展能够以最低资源成本收获最大的发展效益。系统视角出发可将职业教育发展所需要的资源划分为物质资源、人才资源、信息资源三类。由此，操作层面可通过“三共三通”工程实现职业教育发展资源的效益最大化。

首先要建立“资源共用与流通”机制，破除职业教育发展物质资源的流通障碍，实现职业教育发展物质资源在主体间（如职业院校、企业间）的自由流通，以资源共用与流通机制的合理建构取代资源的重复采购或闲置。其次是建立“人才共力与沟通”机制，破除职业教育发展人才资源的沟通屏障，实现职业教育发展人力资源在工作中（如教学、科研、技能培训、课程开发等活动）的自由沟通、对话与交流。最后是建立“信息共享与畅通”机制，破解职业教育发展信息资源的不对称的局面，实现职业教育发展信息资源在空间上（智能技术发展趋势、技能创新走向、人才需求动态、国外职教改革动向等）的畅通与共享。

三是实施“三键三驱”工程，提升职业教育发展效果。工业 4.0 时代职业教育发展更需要大量企业尤其是智能技术型企业的深度参与，因此在校企合作的实践路径上可通过“三键三驱”工程来收获相对理想的职业教育发展效果，化解理想与现实的冲突。

首先可通过“健全法规”实现“责任驱动”。职业教育发展在工业 4.0 进程中可在国家职业教育法的宏观框架内率先制定和健全本土化的职业教育系列法规，力求通过法律手段赋予多中心治理主体成员（尤其是相关企业）身份的法律权威和治理权力，因为职业教育多元参与主体（尤其是相关企业）只有获得法律意义上的身份权威才能拥有内在身份的安全感知，进而形成主观上的认同，最终驱动对多中心治理参与的责任。

其次可通过“构建制度”实现“利益驱动”。职业教育多中心治理作为一种共同体行动模式，诚然应该拥有相应的制度框架来支持和维系。制度设计与安排关注的重心应是如何赋予制度以促进职业教育多中心参与主体合作的功能，所以需要从“共生共在”这一基本理念出发，自觉地去建构各项合作制度，确保共同利益的实现，从而使职业教育参与者或合作者感受到公平和正义，进而驱动他们更自觉、更彻底地走向合作。

最后可通过“搭建平台”实现“行动驱动”。职业教育的多中心治理作为一种跨界治理行动，面临着职业教育多元参与主体纵横交错的复杂关系。借助工业 4.0 时代的互联网优势，应对跨界共同问题和公共议题落实联合行动，可通过政策、文化、评估三大网络平台的搭建来实现。一是搭建政策网络平台。该平台应具有议题讨论、政策制定和政策执行三大功能，从而完成职业教育发展共同议题的沟通与协商、各方利益的诉求与满足、政策方案形成和政策具体落实的系统政策行动过程。二是搭建文化网络平台。该平台功能在于建设并推广一种合作型组织文化，形成一种职业教育发展公共意义共享体系，确保职业教育多中心治理主体间的持久信任，通过一种非正式约束力量引导和塑造职业教育发展共同体成员间的合作行动。三是搭建评估网络平台。该平台功能在于建构与职业教育多中心治理相匹配的职业教育发展评估与监测体系，动态监测和评估职业教育发展进程中各项行动的效果，及时向职业教育发展各参与主体反馈行动中的不足和纰漏，并提出行动方案优化参考和建议，从而提升职业教育发展共同体的整体行动效果。

第三节　高等职业教育过程性评价基础理论

不同类型的高校承担着不同的教育责任，同一类型高校中的不同专业存在各自的特殊性。通常，相同的教育教学过程在某类型的高校或专业的实践会取得优于其他类型高校或专业的教育成果。所以，不同类型的高校或专业应根据不同的教育责任采用不同的教育方法以适应教育需求。同时，也应通过采用不同的标准对其教育成果进行评价，才能够获得有价值的质量信息。

高等职业教育的历史任务是服务于区域经济发展，为地方经济提供稳定的、合格的劳动力供给。并且，作为教育体系中高等教育的重要组成部分，为普及高等教育、提高全民素养贡献力量。为高质量完成上述历史任务，需对高职教育质量进行更有效的评价。

一、教育质量界定

传统教育质量评估的角度主要有三种。第一是高校的声望，是高校在民众心目中的形象。一般而言，声望高的学校等同于教育质量好，并且保持长期稳定状态。高校的声望主要包括两个评估指标：一是学校的规模，与声望成正比；二是招生的严苛程度，越难考入的高校声望越高。第二是高校的资源。这是高校管理者喜好的标准，被认为可以相对“客观”地评价教育质量。高校资源包括四个方面，即教师质量、学生质量、教学硬件设施和资产投入。对教师质量的评价指标包括教师的学历、发表论文的数量等，用标准化考试的成绩评价学生质量，教学硬件设施包括教室的数量、质量和藏书量等，资产投入指标主要包括生均经费、师生比、教师工资和教学班级人数等。第三是高校的成果。对成果的评价集中在学生身上，如学生在某类型统一考试中的成绩排名，学生获得奖学金或者研究生学位的比例，或者毕业生的收入等。

Astin 教授认为，对于高校教育质量的评估应着重于教育的影响，即学生就读期间在知识、能力和个人成长方面的“增值”效应，衡量学生学到了什么，带来了什么积极的变化。对于学生“增值”程度的描述可以采用入校成绩和毕业总评成绩比对的方式，或者对学生在校期间如何利用时间、如何完成学业进行观察，用以替代总评成绩。

二、“过程性评测”界定

一般而言，教育质量评价指标来源于教育行为的前、中、后三个阶段。前期行为是学生开始在学校接受教育前的准备阶段，比如学校的教学资源等。这一阶段的指标对中、后期的评价有所限制，但并不直接影响教育过程的开展。中期是指学生在校经历的教与学的过程，比如教学内容和学生对教师反馈疑问的体验等。后期评价因素是教育过程的成果，如学生的就业情况、学生的工作能力等。教学质量的评价指标交互制约。前期指标高度影响学校在招生阶段的选择权，而学生入学时的基础和学习状态对后期成果具有较大影响，但不能直接反映教育过程的质量。学生的总评成绩和就业水平是教育评价后期的显性指标和成果，但因为它们受诸多因素影响，同样不能用来准确评估教育、教学质量，即学生就学期间知识与能力的提升。所以，对于教育质量的最准确评价因素应主要来源于教育过程。这个过程是教育教学机构在前期储备的教育教学资源的基础上，为使学生取得较大的收获而进行的努力，包含教与学的双方行为，最终获得学生就学期间的学习体验和被认为有价值的收获。对教育、教学过程的评价是教育、教学最终显性成果的预测性指标，涉及教育教学机构的一系列实践措施，外在表现是学生“融入教学活动、融入校园生活”的状态。

三、国外关于教育过程监测的研究

自20世纪30年代开始，国外学者已开始对提升教与学过程效益的基础理论和内涵进行深入研究。

早期较有影响的研究来自教育心理学教授Ralph Tyler，认为学习时间对学习任务的完成有积极的影响。20世纪70年代，C.Robert Pace根据自己三十年的研究成果提出“学习质量”概念，并以此概念为基础开发了“大学生学习经历”调查问卷。Pace教授认为，当大学生投入更多的时间和精力在学业相关的活动中时，他们能够学到更多。这些学业相关的活动包括钻研学习内容、与同学或教师交流讨论、将学到的知识应用到具体的情境和任务中等。Alexander Astin教授对“学习质量”概念进行补充，并进一步普及了这一概念和他的“融入理论”。大约在同一时期，由Astin教授作为主要撰稿人的“融入学习报告”产生了较大反响，融入学习行为对学习效果的重要性得到了广泛认可和关注。自此，更多的学者主要依据Tinto和Astin教授的模型从不同维度研究学生学习行为和学习成果之间的关系，以及影响学生学习行为的因素，并产生大量具有建设意义的研究成果。

（一）以Tinto教授为代表的融入理论

在校学习过程中，学生融入课堂与校园，并为预期学习成果投入适量的学习行为的质量和体验对学习成果的影响至关重要。这一过程包括两方面的重要内涵：一是学生自身投入的学业相关行为的时间、精力等努力程度。二是教学机构创设的课程体系以及资源供应等环境因素对学生学习行为的支撑状态。环境支撑能够帮助学生排除不良因素和学习障碍，有助于提升学习体验。虽然支撑环境的形成需要稀缺的办学时间、人员精力以及资金支持，在该环境形成过程中的阶段性评测可以发现亟待解决的问题，促进环境的早日生成。良好的支撑环境中，学生内心会产生与同学、教师、学校的关联感和归属感，同时完成学业和职业成长。

Tinto 理论认为，大学生是否成功“融入教学活动、融入校园生活”是学生是否能够顺利完成学业的基础。当进入大学校园，学生就开始经历与其原属群体（家庭、高中同学等）分离，再融入新群体的转型时期。在这一时期，他们和新群体的伙伴开始互动、建立关系，并开始接受新群体或新学校的价值观和行为方式。转型时期的主要活动包括两方面，一是融入教学活动，二是融入校园生活。二者相互补充、相互独立。融入教学活动是领会、适应学校教育理念和教学氛围，并产生认同感；融入校园生活体现的是学生使自身背景、价值观和想法等与校园内的“小社会”协调一致的能力。学生融入水平越高，对高校的认同感越高，取得学习成果的可能性就越大。所以，学生是否能够完成学业是个体因素和学生进入大学前后的环境因素相互作用的产物。这一交互作用的影响因素包括学生自身背景、进入高校前的学习经历、高校的学习经历、学生的动机及期望和教学组织机构内部相关的其他因素。交互作用的结果受学生融入能力及融入意愿影响，存在契合水平问题。

大学生主要的就学经历和其在校期间校园内的伙伴以及与伙伴一起做的事情有关。这些伙伴和事情构成校园社交的主要内容。大学生的校园伙伴主要是同学和老师。对大学生成长的各方面最主要的影响来自同学，包括行为、心理、情感和认知等。与同学的交往与互动对学业的发展、知识的掌握、分析与解决问题能力的提高和自信心的养成等几乎所有方面都有积极的影响。同学之间可以促进学业的互动行为主要包括讨论课程内容、共同完成课程作业、获得同学的指导、共同参加校内外社团活动，等等。

学生在课堂内外与教师、教辅人员的交流可以使学生感觉自身更受重视，提高学生的归属感和就学经历的满意度。除课堂上正式的问答、讨论等形式，非正式的师生交流形式可以是共同完成某项活动、用餐、日常琐事等为主题的聊天等等。研究显示，投入较多精力学习和对大学生活较满意的学生更愿意和教师交流；和教师交流越多的学生，尤其是关于专业学习的沟通越多，他们的学业表现越好，对大学经历越满意。

在师生交流过程中，教师、教辅人员应注意管理学生的期望。通过交流，学生可准确了解专业知识和实际工作的关系，专业教学与培训和实习、工作机会的相关性，尽早、详尽描述课程体系和课程内容，学生可获得校内外资源和服务等。学生准确设定自身对高校学习的期望值有利于调整、规划融入模式，包括速率、行为方式和路径等。

另外，高校教育、教学资源组织、分配并促进学生融入的状态是学生获取学习成果的厚实基础。1987 年，Chickering 和 Gamson 提出七条优化高校教学实践的原则，即师生之间的关系、学生之间的合作、主动学习、即时反馈、工作量、教学难度和尊重不同的才智及不同的学习方式。其中，五条原则涉及教师、教辅人员的行为和特征，其他原则与师生积极互动以支持学习行为相关。后来的学者通过大量实验论证了这些原则和学生满意度以及学习成果之间正相关的关系。同时提出，这些原则确立的基础是高等教育机构有效的教育行为将学生的精力导向适当的学习行为，帮助他们更好地融入学习行为中。由此可见，高校有效的教学行为中，教师、教辅人员承担着至关重要的作用。但由于不同类型高校、不同专业中教师、教辅人员的工作任务等存在差异，所以，在进行过程性评测时应对此指标做出衡量。

（二）以 Gibbs 教授为代表的英式监控

以牛津大学教授 Graham Gibbs 为代表的英国高等教育评估机构的专家认为，教与学过程评价的要素应该包括班级规模、教学时数、对学生疑问的反馈等，重点评价这些要素如何影响学生投入学习的努力程度、学习行为的质量和总体学习状态。

1. 班级规模

对多个研究数据的综合分析表明，班级人数越多，学生学习效果越差。与班级人数呈负相关的还有教师教学流程质量、教学环境、学生学习态度、学生课堂表现。比如，在课堂讨论环节，课堂人数较多的班级中，主动参与讨论的学生数量显著减少，参与讨论学生重点关注的是讨论内容的基本信息而不是提出有益的观点。另有研究表明，较大的学生人数不仅对学生课堂表现有负面影响，对学生的学习目标也有不良的暗示。在班级人数超过一定数量时，学生将倾向于仅仅识记知识而非深入理解。

持相反观点的学者通过对大学生综合考评成绩等数据的调研论证大班教学对学生学习效果没有影响或者影响较小。但有人认为，此类结论的得出是因为考试成绩评定缺乏统一标准，或者任课教师采用较为容易的考核方式，或者对考试成绩“放水”等原因。在文献查询与阅读过程中，结合不同类型高校和不同专业，并未发现学者对适合的教学班级人数提出统一的标准和建议。

2. 学习时间

学习时间为教学时间和学生自主学习时间之和，投入学业时间长短与专业有关。一般而言，理工科专业的授课和学习时间长于人文、社科类专业的学生。以单一的学业总评成绩作为学习成果评价标准时，分数高的学生学习时间不一定多于分数低的学生，但学习时间长的学生成绩一定会有所提高。提高的程度与学习内容、学习方法密切相关。比如，花费较长时间识记知识的学习效果通常弱于花费较短学习时间但深入思考的效果。研究显示，当学生投入学习时间较短时，说明教学内容或者考试方式缺乏难度，或者学校投入的教学资源有限，导致学生不能获取充分的学习资料而减少学习时间。

3. 教学质量

学生能够轻易分辨出他们是否喜欢任课教师，以及他们认为任课教师是否是“好老师”。“好老师”不等于使用了好的教学方法。并且，学生对“好的教学方法”的定义也随着对“学习”“知识”等概念的不同理解而不断变化。比如，对于以通过考试为目的的学生而言，好的教学方法是教师在课堂上提供所有考试内容的细节并主要考查学生对概念的记忆；而嗜学的学生则希望教师提供充分的基础信息但预留自主学习和深入思考的空间。学生的共同诉求是，无论教师讲授内容多少，教学目的应清晰，语言表述应深入浅出、易于理解，疑问反馈应及时详尽。

通常的高校教学质量评价体系均包含“科研”数量，尤以论文发表数量为显性指标。但科研数量、院系科研氛围和教学水平并没有直接关系，并且高职院校偏重应用教学而非学术研究。虽然科研工作对于教学质量有间接作用，不如将精力直接投入教学效果显著。

4. 学习难度

引发持续的思考、挑战未知是高等教育的魅力。课程教学中，这些未知和思考的难度来自教师表述的教学内容、教学要求，以及学生选择的学习方法。

学生通过教材章节中的“学习目标”和教师的要求明晰需要掌握的课程内容和掌握程度。但这些内容与要求时移事易，或因行业变革，或因经验传承的差异，并未见统一的标准，而且未见广泛衡量“教学目标”描述与期末考核题目是否精准搭配。根据布鲁姆的教育目标分级理论，具有一定挑战性的课程应该是要求学生对较大比例的教学内容能够应用、分析、综合、评价，而非停留在记忆和理解阶段。如果教师在教学中给学生留下仅有低层次教学要求的印象，将降低学生的学习热情，影响学习效果；但如果学生认为教师的教学要求过高，也会产生同样的效果。

在教学要求相同的情况下，因对同样学习内容的不同感知和不同承受能力，不同的学生会选择不同的学习方法。采用浅层学习方法的学生习惯性地关注考核内容和教学重点，对知识的掌握仅停留在记忆和理解层面；采用深层学习方法的学生则会在记忆、理解的基础上批判性地思考、构建与已有知识的联系，并将其迁移到新的情境中以解决新问题。深层学习方法更有助于知识的掌握，更加适应高等职业教育的特点。但相关调研表明，如果学生认为教学内容和要求超出一定难度，学生将自动放弃深层学习方法，转而投向浅层学习的怀抱。

5. 评价与反馈

在各种形式的形成性考核中，对学生完成学习任务的及时、详尽的反馈是最重要的。

评价与反馈越及时、全面，学生越倾向于采用深度学习的方法，越有助于获得学业成果。现有质量评价体系并未对考核内容、形式和频次提出建议。但教学班级人数和教学班级的增加，却给任课教师带来了巨大的时间压力，导致很难做到及时反馈、全面评价，或者通过减少考核频次、降低考核形式的方式变相疏导。

四、国内关于教育过程监测的研究

天津职教研究所荣长海教授认为高职教育质量是一个动态生成的过程，指的是“从一定的预设目标出发，通过教育行为与过程，使对象目标发生预期变化，产生一定效果（结果）的系统运行过程”。在此过程中，主要内容是教育管理与教学活动。影响教学活动的因素包括专业设置与设置机制、课程体系与课程体系构成机制、课程内容与内容组构逻辑、教学模式与模式选择机制、教学环境、师资队伍、经费投入、教学组织、校园文化、实习实践、质量评价等方面。并且，作为一个独立的教育系统，高职教育质量评估需同时满足社会系统质量和个体系统质量，即既要满足社会需求又要满足个人需求，强调结果与产出。

《现代职业教育体系建设规划（2014—2020年）》要求“以学习者的职业道德、技术技能水平和就业质量为核心，建立职业教育质量评价体系”。《国务院关于大力发展现代职业教育的决定》要求“定期开展职业院校办学水平和专业教学情况评估，实施职业教育质量年度报告制度”。2017年质量报告从社会系统的角度，对高职教育的投入质量、过程质量和结果质量进行量化分析。其中，投入质量主要考察办学资源条件，过程质量的主要指标是政府引导和校企合作，结果质量衡量的是学生发展和服务贡献。质量报告评估的重点仍为结果导向。

综上所述，大学生在校期间的积极学习行为能够带来期望的学习成果。这些积极的学习行为包括花费更多的时间在具有挑战性的学习内容上，积极与教师、辅导老师沟通学业和职业相关内容，积极与同学进行合作学习等。同时，高校应承担营造学习环境，引导、支持和帮助学生融入课堂、融入校园的责任。所以，对于高职学生在校期间学习过程的评测既能够及时发现、纠正影响学习效果的学生行为、教师行为，又能够发现不良、不足的校园学习环境和氛围。监测关键环节，提升教学质量，是高职教育行业所有利益相关者的愿望，并愿意为之付出努力。

第四节　职业教育专业教学资源库理论

自2010年开始职业教育就已经进入全新的发展阶段，职业教育专业资源库建设项目正式启动，代表着我国的职业教育信息建设正在进一步深化，同时也体现了“互联网+”的背景特点。这种情况下可以预见，职业教育水准必然会上升到新的台阶，而资源库的价值也会被逐渐挖掘出来。如何利用资源库来打造我国特色职业教育，为社会输送更加优秀的人才成为学术界一直以来关注的重点。

一、职业教育专业教学资源库理论研究

（一）“互联网+”职业教育成为趋势

当今职业教育无论是院校的数量还是学生规模都在迅速上升，从数量上看我国已经成为职业教育大国，但高职的发展模式也出现了一定的问题。例如，在政策上还有一定的需求、教育质量上也有待提高、学生的就业率与收入成反比的情况等。而“互联网+”的提

出让高等教育也进入了资源建设与信息建设时期，职业教育也逐渐融入新的发展理念，传统的院校正在向着信息建设方向迈进，信息化学习与信息化管理成为职业教育的发展趋势，职业教育专业教学资源库的理论就是基于这种背景诞生的。

（二）建设内容

专业教学资源库包括的内容非常广泛。其中有专业介绍、职业人才培养、人才培训项目等众多教学资源，其中也分为基础类、扩展类以及冗余类资源。基础类就是专业教学以及课程教学方面的内容，包括课程改革的方式和途径等。其中颗粒化的建设成为教学基础，课程将向结构化的方向发展，多媒体技术在教学中将发挥更大的作用。扩展类资源主要是为不同的用户提供不同服务，针对性地进行资源开发，让资源的普适性更强，同时也包括各行业的新进技术以及理论研究成果。冗余类资源则是为了让资源更加丰富，为教师搭建教学模式提供更多依据。

（三）建设目标

专业教学资源库的建设主要是为了能够对职业教育的发展起推动作用，利用现代信息技术的优势，让教学资源更加丰富。具体来说就是让教学手段以及学习手段更加多样化，同时在资源库中会不断更新教育资源，让职业教育的教师与学生能够随时了解最新的教学理念以及学习理念，教师能够从中提取更多的教学方法，让职业教育培养人才的效率提升。资源库能够为职业教育提供更多的服务，同时为社会学习者提供更多资源以及服务，为学习型社会的建设提供基础。

（四）资源适用性研究

如今对专业教学资源库的定位已经从辅助教学和辅助学习中脱离出来，“能学、辅教”成为最新的功能定位。由于资源库在建设前期规划难免有些缺陷，因此适用性也比较有限，提升资源的适用性成为如今非常热门的研究话题，主要是研究如何才能让资源库的内容与职业教育以及职业岗位的对接性更强，同时资源能够更具有及时性以及合理性。因此在资源设计上要更加科学，关注资源的应用导向以及未来资源的更新，不仅要控制资源的数量，如何提升资源的适用性更加重要。

（五）平台与教学对接研究

专业教学资源库是将校园学习平台作为共享性的平台。而其中的运行数据也要接受有关部门的检测，在平台选择上不会进行规定，因为各平台之间会形成竞争，这样就容易推动各平台资源的更新速度以及功能上的完善，让平台为学生和教师群体提供更加优质的服务。如何让平台与教学形成相互支持的局面是如今研究的重点，这也是为了解决用户体验不佳的问题，让平台更快融入课程教学的创新。

二、职业教育专业教学资源库建设中遇到的问题

（一）设计逻辑性不强

资源库设计中逻辑性不强是普遍存在的缺陷。首先就是在资源体系的结构设计上有很多环境并不合理，如今资源库的资源体系是按照各个专业的教学需求以及专业的特点进行设计和规划的，但在资源构建上却没有进行模块化的整合，内容上缺乏整体性以及逻辑性。其次是职业特性没有表达充分，很多企业的案例并没有进行一体化设计，资源都是零散的，发挥的价值比较有限。最后就是资源库的功能，定位成学习中心，那么资源库就应该具备强大的学习功能，如今在学习功能上还有待提高。

（二）资源素材不完善

一些资源内容在布点上还存在很多盲区，导致无法将资源覆盖在所有知识点上，这就导致学生在实际的使用中无法得到全面的支持，教师在搭建课堂时也会受到限制。而资源库本身是依靠众多院校以及企业的联合才建立的，前期的论证不够充分，各组织间缺乏协调，资源素材的上传以及质量都存在差距。同时在素材申报的过程中，为了能够提升效率，只关注素材的数量，通常是将现有的素材都上传到资源库中，对素材本身的先进性以及实用性并没有考虑。

（三）平台技术不全面

资源库大多是建立在职教平台上，有储存、检索、学习以及互动等功能，并且平台配备了监测、统计、下载等功能，是一种大型在线学习平台。但这个平台上缺乏班级管理的功能，因此在课程教学上还是有一定约束的。在教学中往往需要班级管理功能，这就需要在功能设计、方案退让、互动、评价以及成绩评定方面进行完善。

（四）个性学习不体现

个性化就是为了发展个性化学习模式，但在资源库中并没有得到体现，个性化学习主要是依靠在素材上的个性化设计、资源冗余以及自主学习功能来实现的，但如今的资源冗余并不充足，而且素材的个性化也没有体现，导致个性化学习成为一种形式，实际上对学生并没有起到实质性帮助。而在个性化学习方面，还需要在线下和线上进行结合，丰富资源素材，并在功能上进行完善。除此之外，各个资源库在线上学习方面也存在使用不便的情况，管理上还有一定的缺陷。

（五）保障机制程度低

国家在职业教育专业教学资源库的更新以及完善方面是有严格要求的。其中包括每年更新内容的比例不得低于10%。而资源在验收方面，各个院校也承诺会给予一定的资金保障。实际上资源包括的更新一直都没有在制度上进行完善，而在保证资源更新方面也没有形成成熟的体系，资源更新供给以及需求方面更是没有形成长期的对话机制，导致投入和

产出一直没有形成平衡。如今职业教育方面虽然对资源库的价值比较认可，但资源库建设最终能否持续下去并没有得到广泛认同。

三、职业教育专业教学资源库实施途径

（一）整体规划资源库框架

资源库建设应该是更加注重专业教学，在功能上则是要增加服务项目，如职业岗位培训要更加重视，职业衔接以及终身学习方面要进行加强。资源库框架规划要以职业教育的特征为依据，对专业教学的需求、学生的需求以及教学规律进行明确，并利用各院校以及企业的优势，发挥出信息技术以及教育技术的优势。资源库建设可以从需求调研入手，向各个专业的教师、学生以及社会职业岗位人员进行调研，分析各群体对资源的需求。这样对现代职业教育的理解能够更加深入，对学生的可持续发展要加强关注，关注学生素质全面发展。

（二）开发完备的内容体系

学生在资源库平台上进行专业学习，要求资源的内容更加完备，其中课程学习中的知识点要尽可能全，专业领域内的技能知识以及评价体系也要逐渐完善，在专业对接上要进行提升，将特色教学成果和教学信息纳入教学资源库，并适时引进国外优秀教学资源进行共享，持续更新资源内容。资源内容的建设应该立足于人才培养的需求，其中包括对知识、技能、素质方面的要求，对岗位的分析要更加深入，对岗位知识进行提炼。在专业课程的设计上要重新规划，制订课程标准。

（三）完善平台技术功能

资源库要想持续发挥作用，就要让用户获得更好的使用体验。技术更新以及功能设计要加强，目前资源库在使用功能方面需要提升，功能扩展应该与时俱进，并在技术上可以持续完善，在需求不断变化的过程中保持用户的良好体验。资源库平台并不仅仅是开放性的大型学习平台，之所以是专业教学资源库，说明其最终的价值依旧是为职业教育教学服务，因此在专业课程教学上要增加功能，并提升其在教学中的作用。

（四）完善共享型模式

在“互联网 +”影响下，资源库本身已经从以教为主发展到在学习上也发挥巨大的作用，而共享学习模式还需要进行完善，要在课程教学、职业培训、学生学业评测、资源搭建、师生互动、课外扩展等方面进行补充。同时资源库要满足学生个性化学习的需求，培养学生主动学习的能力，这样才符合现代职业教育理念，因此在资源内容上要增强丰富性，激发学生的学习热情。

（五）完善保障机制

资源库建设要建立专业的技术开发团队、管理团队，制订相应的运行制度，建立人员

绩效考核机制，完善资源库团队奖罚制度，如通过对建设任务的客观评价，针对取得成果进行专项奖励。在资源审查方面要更加严格，将资源库建设项目本身加入企业和院校的项目体系，加强各组织间的保障机制。

资源库对于职业教育来说还有很多价值可以开发，也有很多问题需要完善，用户使用方面还有很多问题需要解决，同时在技术以及功能上还需要进一步补充，随着资源库建设的越来越成熟，一定可以为我国的职业教育发展提供新的动力。

第五节　职业教育与社区教育融合的理论

职业教育与社区教育融合不仅有着深厚的理论基础，让我们看到其融合的可能性，社区教育的实践也证明了，职业教育与社区教育融合不仅是当前社区教育发展的重要特征和创新需要，也是未来社区教育发展的重要趋势和变革方向。从职业教育角度来讲，职业教育与社区教育融合不仅是职业教育产教深度融合的重要途径和内容，也是建设现代职业教育体系的重要组成部分和基本要求，更是建设学习型社会、构建终身教育体系的重要基础。职业教育与社区教育融合政策的发展演变既受其理论基础影响，又受社区教育改革与实践创新影响，表现出了不同时期的特征。

一、职业教育与社区教育融合的理论基础

职业教育是面向人人的教育，著名教育家黄炎培在《教育大辞典》中这样规定职业教育的定义："用教育方法，使人人一方获得生活之供给与乐趣，一方尽其对职业之义务，名曰职业教育。"他认为职业教育的目的有四："一为谋个性之发展；二为个人谋生之准备；三为个人服务社会之准备；四为国家及世界增进生产力之准备。"简单地讲，职业教育的最终目标就是"使无业者有业，使有业者乐业"。分析黄炎培职业教育思想我们发现，其关于职业教育目的的论述不仅是中国大职教观的发轫之思，而且是职业教育与社区教育相互融合的重要依据。"使无业者有业，使有业者乐业"既是职业教育的最终目标，也规定了职业教育的基本模式，即职业教育不能只局限于职业学校教育，因为学校教育只能解决"使无业者有业"的问题；而"使有业者乐业"的问题则超出了职业学校教育的范畴，但仍是职业学校教育的基本职能。在当前甚至未来很长时间，职业教育与社区教育有机融合将是解决"使无业者有业，使有业者乐业"的重要途径。而这正是终身教育理念下，我国深入推进全民教育、终身学习的学习型社会的迫切要求。职业教育与社区教育融合还有着更广泛的理论依据。

（一）终身教育理念促进职业教育与社区教育的紧密联系

终身教育理念始于1965年，由法国教育家、联合国教科文组织成人教育处处长保罗·朗

格朗在向国际成人教育促进委员会提交的报告《终身教育导论》中提出来的。他指出："数百年来，社会把人们一生机械地分为学习期和工作期，前半生的时间用来积累知识，后半生一劳永逸地使用知识，这是毫无根据的。"建立终身教育体系是《终身教育导论》的主题，他指出："使教育从纵的方面贯穿人的一生，从横的方面联结个人和社会生活的各个侧面，使今后的教育在每一个人需要的时刻，随时都能以最好的方式提供必要的知识技能。"终身教育理念从提出到现在，一直都是世界各国改革国内教育的重要指导思想之一，在各国关于教育改革的政策性文件中都能随处可见，尤其是以联合国教科文组织为代表的国际机构与组织更是大力倡导和积极推行终身教育。

终身教育理念对职业教育的影响更是深远，因为它最初就是以"终身职业教育思潮"的面目出现。"起初大家把终身教育当作是成人教育、职业教育的同义语。谈到终身教育，总是和职工的继续教育连在一起。"1972年埃德加·富尔的著作《学会生存——教育世界的今天和明天》在出版之后，得到了世界经合组织的肯定与支持，富尔在报告中指出："终身教育这个概念，从个人和社会的观点来看，已经包括整个教育过程，终身教育变成了由一切形式、一切表达方式和一切阶段的教学行动构成一个循环往复的关系时所使用的工具和表现方法。"世界经合组织于1973年提出，要"克服学习与工作之间的障碍""传统职业教育形式未能培养学习者的自我意识和自主决定能力等素质"。世界经合组织的这一提议，直接将终身教育理念与职业教育的改革需求紧密地联系在了一起。

应该看到，无论是保罗·朗格朗、埃德加·富尔，还是联合国教科文组织、世界经合组织，他们运用终身教育理念改革职业教育的思想，都与几十年前我国职业教育先驱黄炎培的思想有若干相似，黄炎培所要构建的职业教育体系应该就是这样的。在1999年召开的第二届国际技术与职业教育大会上，"终身学习与培训：通向未来的桥梁"被作为大会主题提了出来，在这次大会上提出的还有"职业技术教育是终身教育不可缺少的一部分"的观点，而且对如何改善所有人的受教育机会也提出了一个方法，那就是"创造一个学习型社会"，以突出21世纪"以人为中心"的发展新模式。对于职业院校来说，我们面临的生存挑战之一就在于，能否觅得新的合作伙伴（行业、企业、社区等）和授业对象（学习者），以改善所有人的教育机会。在这方面，社区教育学院或大有作为，建设社区教育学院甚至会成为职业院校的必然选择。

（二）学习型社会理论促进职业教育与社区教育的协调发展

学习型社会理念是由美国人文主义思想家、法律学者和教育家哈钦斯在其于1968年所著《学习化社会》一书中提出来的，他在这本书中指出："学习化社会不仅为处于人生任何阶段的每一个成年男女提供闲时的成人教育，而且社会的价值成功地实现了转变。学习化社会的目的是学习，是自我实现，是成为人，而学习化社会的所有机构或制度都以这一目的为指向。"根据哈钦斯的学习化社会定义分析，学习型社会至少有三个基本特征：为人生不同阶段的所有人提供闲时的成人教育，学习、自我实现和成为真正的人是学习型社会的目的，一切社会机制都以此目的为指引方向。学习型社会的本质要义集中体现在学习是每个人的一项权利；拥有终身教育体系，奉行终身教育制度；超越学校教育范畴，社会共同参与教育；坚持以学习者为中心，满足学习者的学习需要；既要求有个体对学习的参与，又要求有群体对学习的参与；既有利于个人的发展，又有利于社会发展。

学习化社会的理论让我们看到了教育与社会结合的趋势，尤其是大力发展职业教育将成为建设学习型社会的重要路径，因为现代职业教育已经成为“为了人人的教育”“使无业者有业，使有业者乐业”的教育，这符合学习化社会中教育的基本理念和目的。当职业教育与社区教育紧密结合时，即可“为人生不同阶段的所有男女提供闲时的成人教育”，而这正是学习型社会的特征之一。同时，哈钦斯在提出学习化社会理论时对职业教育的批评又让我们对职业教育与社区教育如何结合并服务于学习化社会的建设有了新的看法。因为学习化社会的本质并不只是为所有成人提供闲时的成人教育的社会，也不是一个把教育视为所谓追求国家繁荣或个人前途的手段的社会。“其本质，在于对教育目的和价值的重新认识和发现，在于对教育本真的呼唤，在于对普遍人性、理性和智慧的追求。简言之，学习化社会的本质就是要让所有的人能够通过终身学习实现人格的完善，成为一个真正意义上的人，并去追求睿智、愉快和美好的生活。”这种反思让我们感受到了职业教育与社区教育紧密结合、协调发展的必要性，以及职业教育与社区教育协调发展中的社区教育学院改革的压力。

（三）人本主义教育思想促进职业教育与社区教育的深度融合

根据《外国哲学大辞典》的解释，人本主义一般是与“科学主义”相对应的，指某些西方哲学理论、学说或流派。有时也指一种以人为本、以人为目的和以人为尺度的思潮。中国有学者认为，“无论作为理论倾向还是作为理论体系，人本主义的实质都是由人出发，以人为最终根据的最高目的去考察、去说明、去处理一切问题，即人本主义反对离开人去考察，去说明事物本身是什么，反对离开人仅仅就事物本身去处理事物”。

人本主义教育思想的基础是人本主义哲学和人本主义心理学。人本主义从西方哲学的演变来分析，它被称为人本主义传统，现代西方人本主义哲学是在传统人本主义哲学的基础上发展而来的，但与传统人本主义哲学又有很大不同，与马克思主义人学思想也有一些区别。人本主义意即通过教育（教化）使人的身心得到全面的发展与训练。在人本主义后来的发展中，也曾出现人文主义、人道主义、人类中心主义等，虽然在观点上有分歧，但都是研究人，所以，在很多时候，人文主义、人道主义与人本主义这几个概念被视为同一个内涵，导致理解上的混淆。这里不准备来区分它们的异同，只为分析当代人本主义教育的大致特征。这几个概念或有共同的含义，那就是“以人为本”。从人本主义最主要的哲学基础存在主义来分析，人可以改变自己、塑造自己，人性具有未完成性、开放性和无限可能性。存在主义强调个体的人的存在，强调个人自由、个人选择、个人责任，认为教育的出发点、归结点在于人的“自我创造”，无论是海德格尔的“自我设计”，还是雅斯贝尔斯的“自我超越”都表明了一点：“教育是发展关于自我选择及对选择的意义和责任的认识”。

人本主义心理学家马斯洛认为，“教育的目的——人的目的、人本主义的目的，与人有关的目的，在根本上就是人的‘自我实现’，是人性的形成，是人种能够达到的或个人能够达到的最高度的发展”。人本主义心理学家罗杰斯则说：“只有学会如何学习和学会如何适应变化的人，只有意识到没有任何可靠知识、唯有寻求知识的过程的人才是可靠的人，有教养的人。现代世界中，变化是唯一可以作为确定教育目标的依据。这种变化取决于过程而不是取决于静止的知识。”在此基础上形成的人本主义教育思想的最终目的是突出发掘个人的发展潜能，使他们成为“自我实现”的人。

人本主义教育思想强调人的自我实现，强调教育目标设计中的变革因素，这既有利于推动人的发展与社会发展的有机融合，还有利于推动教育内部职业教育与社区教育的深度融合。职业教育要成为“面向人人的教育”，就必须加强与社区教育的合作，通过职业院校建立社区教育学院，进一步拓展职业院校的服务职能，体现学习型社会建构的要求，更体现“以人为本”的社会发展理念，也符合大职教观的基本思想。人本主义教育思想已经成为世界教育改革的共同基础，为了人、依靠人、发展人是现代社会变革的根本动力和目标所在，职业教育发展社区教育学院就是在大职教观指导下促进个人自我实现的基本途径。

二、职业教育与社区教育融合的政策演变

通过对社区教育政策文本的分析，我们发现“社区教育”概念经历了从模糊到清晰，从指向狭窄到内涵丰富的过程，反映了社区教育政策的时代特征和演变规律。职业教育与社区教育的融合同样经历了从分离到结合，再到融合的政策演变，主要表现为社区教育政策关注点的不同，反映了职业教育在社区教育发展过程中作用和影响力的变化。

（一）以中小学生为主要关注对象，以青少年道德教育为目标的社区教育政策

“社区教育”一词的最早出现，可以追溯到1988年中共中央《关于改革和加强中小学德育工作的通知》(以下简称《通知》),《通知》提出：“要采取多种方式加强学校和社会的联系，城市的社区或街道可以通过试点，逐步建立社区（社会）教育委员会一类的社会组织，以组织、协调社会各界支持、关心学校工作，优化社会教育环境。”这里并没有在文件中明确“社区（社会）教育委员会”的性质和职能。只是指出建立“社区（社会）教育委员会一类的社会组织”,它所能发挥的职能和现在的“社区教育”还是有本质的不同的，因为它的主体是城市的社区或街道，方式是加强学校和社会的联系，内容是关注中小学德育问题。这种情况一直延续到1993年《中共中央、国务院关于印发〈中国教育改革和发展纲要〉的通知》(以下简称《发展纲要》),《发展纲要》提出：“支持和鼓励中小学与附近的企事业单位、街道或村民委员会建立社区教育组织，吸引社会各界支持学校建设，参

与学校管理，优化育人环境，探索出符合中小学特点的教育与社会结合的形式。”在这里，社区教育仍然只是作为学校教育的一种补充，而且是中小学的补充，是中小学教育管理体制的完善方式，其对象是中小学生，内容是完善教育管理体制。从这两个政策文件来看，社区教育组织所关注的只是一个特定的群体，只针对中小学德育与中小学管理，并不针对社区其他成员，更与职业教育无多大关联，但这应该可以被看作社区教育政策的起始，是学校教育与社区（社会）结合的重要政策基础。

（二）以全体社区成员为关注对象，以终身教育体系构建为目标的社区教育政策

社区教育关注对象的转变是从20世纪90年代中期开始的，1996年，教育部发布《全国教育事业“九五”计划和2010年发展规划》（以下简称《“九五”计划》），在《“九五”计划》中，国家明确提出：要“积极进行社区教育试点”，为之后开展的全国社区教育试点奠定了很好的基础，也为在中国建立和完善终身教育体系开辟了新的有效形式与途径。尤其是1999年，教育部颁布《面向21世纪教育振兴行动计划》（以下简称《行动计划》）进一步明确要“开展社区教育的实验工作，逐步建立和完善终身教育体系，努力提高全民素质”。《行动计划》的出台，正式拉开了社区教育实验工作的序幕，为了落实好《行动计划》关于开展社区教育实验工作的要求，教育部职成教司于2000年专门下发了《关于在部分地区开展社区教育实验工作的通知》（以下简称《社区教育实验的通知》），对“社区教育”的性质、职能等进行了界定。《社区教育实验的通知》指出：“社区教育是在一定领域内利用各种教育资源，开展旨在提高社区全体成员整体素质和生活质量，服务区域经济建设和社会发展的教育活动，是实现终身教育的重要形式和建立学习化社会的基础。”这应该是国家政策文件中最明确的关于社区教育的解释，它完全突破了之前社区教育作为中小学学校教育补充的说法，且在目标上也有了新的转变，不再只关注中小学德育问题，而转向提高社区成员的“整体素质和生活质量”。这意味着社区教育在内容上和形式上都将会有一个很大的变化，在运行的机制和合作机构上也会有不同。2001年，《全国教育事业第十个五年计划》再次强调要继续扩大社区教育试点工作，推进城市教育的综合改革。

（三）以全体国民为关注对象，以建立学习型社会为目标的社区教育政策

进入21世纪以来，随着终身教育理念的不断深入，教育进入一个深刻变革的时代，积极构建终身教育体系、建立学习型社会成为世界各国教育改革的共同目标。2002年党的十六大报告明确提出要“形成全民学习、终身学习的学习型社会”和“构建终身教育体系”，而推动这项工作的一个重要途径就是加强社区教育，推动各级各类学校教育与社区的有效融合。2004年12月，教育部《关于推进社区教育工作的若干意见》非常明确地提出社区教育工作的指导思想、原则、目标、主要任务和措施保障等，这是我国关于社区教育最系统全面确切的表述，是我国社区教育面向21世纪提出的战略目标。文件提出要“站在全面建设小康社会，构建终身教育体系和建设学习型社会的高度上，充分认识开展社区

教育工作的重要意义，增强积极推进社区教育工作的责任感和紧迫感”“各类学校、教育培训机构和各种文化体育设施都要有组织、有计划地向社区开放，积极开展各种形式的社区教育培训活动，特别是要依托社区内普通中小学和各类职业学校、成人学校面向居民开展教育培训服务，使其成为开展社区教育的重要力量。要在整合、利用现有教育资源的基础上，形成以区（县）社区教育学院或社区教育中心为龙头，以街道（乡镇）社区教育学校为骨干，满足社区居民多样化的教育需求”。至此，建设“社区教育学院或社区教育中心”的思路正式提出。与此同时，发展职业教育也成为21世纪世界各国的国家战略和提升城市竞争力的重要表现，随着《国家中长期教育改革和发展规划纲要（2010—2020年）》《关于加快发展现代职业教育的决定》等政策文件的颁布，尤其是2014年《现代职业教育体系建设规划（2014—2020年）》和《高等职业教育创新发展三年行动计划（2015—2018年）》等重要政策文件的出台，都对职业教育加强产教深度融合、校企合作、社会服务等提出了明确的要求。《高等职业教育创新发展三年行动计划（2015—2018年）》更是明确提出：“积极开展社区教育”“可将社区教育中心或社区教育学院建在专科高等职业院校”。这是第一次在政策文件中明确职业教育与社区教育相互融合的方式，即建设“社区教育中心或社区教育学院”。在此之前，社区教育一直坚持立足社区、依靠社区、服务社区的指导思想，开展与成人高校的合作，高职院校介入社区教育并成立社区教育学院，这尚属首次。

第六节　高等职业技术教育学分制的理论

随着我国本科院校普遍实行学分制，高职院校也在逐步试行学分制，但试行过程中普遍存在认识不足、动力不足、条件不足、灵活性不足和数量不足等问题。高职院校要真正推行学分制，首先要解决的问题是树立正确的学分制教育理念，即实施学分制的思想基础：教育观、人才观、系统观和持久观。

学分制是一种以选课制为基础，以学分为计量单位，衡量学生学习进程的弹性的教学管理制度。它是允许学生自主选择学校、专业、课程、教师和学习时间，充分调动学生学习主动性和主观能动性的教学管理制度。

学分制始于1810年德国著名教育家洪堡倡导的选课制，成于1872年美国哈佛大学校长艾略特推行的以选课制为基础的学分制。五四时期，蔡元培校长在北京大学率先推行选课制。学分制在民国时期得到了推广和发展，新中国成立后中国全面引进了苏联的办学模式，采用了与当时政治、经济体制相适应的学年制教学管理制度。1977年恢复高考，1978年试行学分制，到目前为止全国绝大多数普通高校都实施了学分制。学分制坚持以人为本，立足国际视野，创新教学管理模式，优化教学资源配置，促进学生个性发展，推动因材施教，满足社会对多样化人才的需要，是构建高等教育现代化的制度保证。

实施学分制是高等职业技术（以下简称高职）院校贯彻落实党和政府关于教育改革和

发展相关政策的必然要求，是培养满足社会和经济发展对多样化人才需要的必然要求，是遵循人本主义教育思想的必然要求，是适应高等教育大众化的必然要求，是适应学生个体差异的必然要求。

从长远来看，推动实施学分制是实现中国特色现代化高职院校的制度保障。从现实看，学分制在高职院校的推行普遍存在认识不足、动力不足、条件不足、灵活性不足和数量不足等方面的问题，如何在实施学分制的大趋势中，抓住机会，乘势而上，稳步推进，笔者认为树立正确的学分制教育理念是实现学分制的根本性问题。

一、“以人为本”的教育观

任何一种教育制度的产生与发展都是一定教育思想和教育观念的体现。我国实行学年制已有半个世纪，教师习惯于有统一的教学计划、统一的教学要求和统一教材的教学过程。学生习惯于在同一学习集体、同一时间、同一修读方式、同一任课教师授课下共同学习的过程。学年制以教师为中心，重视以教为主导而忽视以学为主体，重视教育的共性而忽略教育的个性。这种体制和观念的惯性长期影响着人们的思维，对学分制的实施形成教育理念的阻碍。因此实施学分制应该从教育观念的转变入手，要把“以人为本”作为教育的价值取向，充分肯定人在社会发展中的主体地位和主体作用，强调尊重人的合法权益，尊重人的个性发展，尊重人的独立人格，不断满足人的生存和发展需要，从而促进人的全面发展。实施学分制就是贯彻“以人为本”的教育思想，把尊重人、解放人放在教育的首位，作为教育的目的。学分制通过选课制、绩点制、导师制、弹性学制、主辅修制、重修制和免修制等的制度安排，营造了“以人为本”的教育理念，适应了人的主观能动性，促进了自主学习理念的实践。学分制是个性化成才的制度需要，也是人才个性化成长的学习需要。实施学分制，关键在树立“以人为本”的教育思想和教育观念，核心在全面强调人的主动性、积极性和创造性，目的是最大限度地满足人的个性化发展要求。学分制是以人为教育中心、以人为教育目的、以人为教育出发点、以人为教育归宿、以人为教育基础和以人为教育根本的教学管理制度。它是满足社会对多样化人才的需要，构建高等职业技术教育现代化的制度保证。

二、现代社会的人才观

人才是指具有一定的专业知识或专门技能，进行创造性劳动并对社会做出贡献的人，是人力资源中能力和素质较高的劳动者。改革开放初期，随着“科教兴国”方针的提出，国家非常重视专业人才的培养，因此，本科高等教育得到了快速的发展，人们普遍认为接受过本科及以上高等教育，并且从事专业工作的人是人才。随着社会、经济的发展，国家建成了与之相适应的高等职业教育体系，加强了生产和服务一线岗位的高技能、技术型人才的培养。随着“中国制造 2025”的提出，中国开始从制造大国向制造强国迈进，中国建成了世界上最齐全的产业门类。“大国工程”“大国工匠”“工匠精神”深入人心，高等职业教育培养的人才在这一进程中发挥着越来越大的作用。人们越来越认同“多元智能理论”，相信人人皆可成才，行行都能出“状元”。

现代的人才观认为：人才是社会需要的各种各样的、能够适应社会的、融于群体的、对社会有用的人。不同类型、不同层次、不同种类和不同规格的人群中，能力和素质较高的劳动者都是人才。科学家、工程师是人才，技师、能工巧匠也是人才。社会既需要研究创新型人才、工程开发型人才，也需要技术技能型人才。高职教育在培养数以亿计的从事生产、建设、管理和服务的应用型、技术技能型人才方面大有作为，高等职业教育不仅要使人学到知识、掌握技能、继承文化思想道德，更重要的是培养人的创新精神、精益求精的精神、勇于实践的精神、敢于创造的精神，重视学生知识、能力、素质的协调和可持续发展。

三、实施学分制的系统观

高职院校具有为社会主义现代化建设培养技能型人才、开展应用型科学技术研究、促进区域经济建设和社会服务等多种职能。高职院校的基本职能和根本任务都是培养人才，教学工作是学校的中心工作，教学管理在高职院校管理中占有特别重要的地位。实行学分制是高职院校教学管理制度的重大改革，教学过程是一个非常复杂的系统工程，实行学分制必然导致学年制教学管理方面的一系列变化，这些变化包括：人才培养方案、课程建设、教学运行管理、教师和学生管理等，这是高职院校人才培养最为核心、最为重要的教学过程的变革，只能由顶层设计、统一规划和全面实施，学校的任何下一级教学管理和教学实施部门是不可能完成这样重大且全面的变革的。

高职院校实施学分制系统顶层设计，需要把握以下几个重要方面。

第一，建立选课制。选课制是指学生根据专业人才的知识、能力和素质要求，按照专业教学计划及学校某学期的课程教学安排，自主选择学科、专业及课程的一种教学管理制度。它是学分制的起源和灵魂，没有选课制就没有学分制。实施学分制的前提就是以能够开设足够数量的选修课为前提，使学生能够跨专业、跨院系选择课程，这就需要学校统一调配教学资源和资金，制订建设选修课的相关管理制度，充分调动教师开设选修课的积极性，不断完善选课制。

第二，建立导师制。导师制是保障学分制实施的配套制度，它是导师对学生的学习、品行及生活进行个别指导的教导制度。导师制从根本上把教书和育人结合起来，把个性化教育和主体性教育结合起来，有利于全面促进学生综合素质的提高。实施导师制需要学校坚持社会主义教育制度和办学方向，需要从本校实际出发，从学校的整体工作实际出发，不断改革和完善。

第三，建立绩点制。实现高职院校人才培养目标的教学环节，包括公共基础课、职业

基础课、职业技术课、专业选修课、公共选修课、实践教学环节和第二课堂等。在学分制下，学分只能反映学生修习课程的学分数，而绩点则能反映学生课程学习的优劣。修满规定的总学分可以取得毕业证书，但是绩点决定了学生能否获得奖学金，能否继续深造。

第四，建立弹性学制。学年制在本质上是一种以刚性教学计划和统一培养规格为基本特征的教学制度。弹性学分制满足了学生多样化的需求，培养了学生的主动性和个性，增强了学生的创新意识，把好高等教育大众化人才培养的质量关。使学生自主选择专业、自主选择课程、自主选择教师、自主选择学习时间和学习进程、自主选择学习方式成为可能。学分制允许学生分阶段完成学业，可以提前毕业或推迟毕业，失去弹性学分制就不能称其为学分制。

四、实施学分制的持久观

构建学分制教学管理体制，从选课制的提出，到学分制的推行，再到全面实行学分制，西方发达国家用了两百多年的时间。中国虽然 100 年前就开始了学分制的尝试，但是中间有 30 年实行了完全的学年制，近 40 年中国恢复、推广学分制，几乎本科院校都逐步实行了学分制，也有部分高职院校在进行学分制的建设，虽然成绩显著，但是发展极不平衡。绝大多数学校距离真正的学分制还有很大的差距，特别是高职院校还处在实施学分制的入门阶段。要想建立灵活、弹性、全面的学分制教学管理体制，还须秉持坚持不懈、久久为攻的持久观理念。

从学年制到构建学分制教学管理体制，需要具有持久观理念是由以下诸方面决定的：一是正确树立教育观、人才观和系统观需要时日；二是建设三分之二以上的选修课程是一项浩大的基础工程；三是教师的评价、考核和评聘方式方法的变化需要教师思想上的转变和工作上的适应；四是选课制、绩点制、导师制、弹性学制、学分互认、学分收费和学籍管理等制度，还需要学校内外配套相应的管理制度和硬件环境；五是国家和区域层面实施学分制，还需要相关管理部门的政策支持、同层级或不同层级校际之间的学分互认。

学分制能够实现以人为本的教育观，学分制能够实现因材施教的教育理念，学分制能够满足社会经济发展对多样化、复合型、技能型、创新型人才的需求，学分制是实现现代高职教学体系的制度保证。坚持学分制的改革方向，坚持学分制的顶层设计，坚持学分制的统筹管理，坚持学分制的试点试验，坚持学分制的推广和完善，坚定不移，持而不息，才能真正建成高等职业技术教育学分制教学管理体制。

第七节　新常态下现代职业教育绿色发展的理论

“经济新常态”是党的十八大之后，党中央在新形势下对我国经济发展阶段性特征做出的重大战略判断，主要表现为经济增速由高速增长逐渐转变为中高速增长、产业结构不断优化升级、发展动力由要素和投资驱动转向创新驱动等方面。据此，党的十九大明确提出了“贯彻新发展理念，建设现代化经济体系”的战略要求。那么，适应经济发展新常态，以新发展理念为思想指引，促进现代化经济体系建设，在职业教育领域就要积极推进现代职业教育绿色发展。现代职业教育绿色发展就是职业教育体现终身教育理念，“坚持以立德树人为根本，以服务发展为宗旨，以促进就业为导向”，呈现为“适应发展需求、产教深度融合、中职高职衔接、职业教育与普通教育相互沟通”的良好发展态势，其实质性特征在于可持续性。因此，实现现代职业教育绿色发展实际上意味着中国特色现代职业教育体系的全面建成。

一、新常态下现代职业教育绿色发展的必要性与可能性

（一）新常态下现代职业教育绿色发展的必要性

改革开放以来，随着经济发展水平的日益提升，现代职业教育的社会需求不断增加，在政府和市场的共同作用下，现代职业教育在快速发展的同时，也造成了职业教育资源的相对短缺、教育质量的良莠不齐，存在结构不合理、办学条件薄弱、体制机制不畅等问题，现代职业教育发展整体上滞后于经济发展，不能很好地适应经济社会发展的需求。为破解现代职业教育发展的困境，尤其在当前经济新常态下，必须在坚持科学发展观的基础上，牢固树立新的发展理念，推动现代职业教育绿色发展。这是新常态下现代职业教育适应经济社会发展的必然要求，也是进一步推动经济社会持续健康发展的理性选择。

新常态下现代职业教育绿色发展的内在必要性。从现代职业教育体系建设来看，推动现代职业教育绿色发展是现代职业教育实现可持续发展的自我要求。因为按照现代职业教育体系的基本框架，现代职业教育的理想呈现状态是体现终身教育理念、中等职业教育和高等职业教育紧密衔接、职业教育和普通教育相互沟通、产教研深度融合。这实质上反映了现代职业教育发展的可持续性，也是现代职业教育绿色发展的应有之义。从现代职业教育内部层次结构来看，它包括中职、专科高职、本科高职以及专业学位研究生教育，是一个充满活力的有机统一的教育系统。另外，从现代职业教育的人才培养规格定位来看，它定位于“培养数以亿计的高素质劳动者和技术技能人才”，这符合经济新常态下产业结构优化升级、驱动转向创新的发展需求，有利于促进经济社会发展的可持续性。

新常态下现代职业教育绿色发展的外在必要性。首先，在经济新常态下，随着产业结构的不断优化升级，经济社会发展对各类人才的素质要求不断提高，企业需要大量的技能型人才，这一点从近年来职业院校毕业生的就业率连续跑赢本科生就足以得到证明。其次，随着社会的发展与进步，终身教育理念渐入人心，家庭和个人愈加重视学习，教育需求日益增多，而现代职业教育正好可以满足人们学习专业技能的教育需求。从家庭脱贫致富角度来说，职业教育能够使一些家庭具备科技致富的人力资源条件。最后，建设社会主义文化强国的战略目标，要求现代职业教育必须坚持以立德树人为根本，始终把育人作为职业

教育的重要使命，自觉担当起文化传播的历史重任，推动社会文明和谐发展。

（二）新常态下现代职业教育绿色发展的可能性

在经济新常态下，现代职业教育绿色发展不仅是必要的，也是可能的。从宏观层面上看，党的十八大以来，党和国家高度重视职业教育，出台了一系列关于职业教育的政策制度，积极推进职业教育改革与创新，持续加大对职业教育领域的资金投入力度，从而为现代职业教育绿色发展营造了一个前所未有的良好宏观环境。从微观层面上看，随着产业结构的优化升级，各行各业都需要大量的高素质劳动者和技能型专门人才，而能满足这一人才培养需求的正是现代职业教育。这些年来现代职业教育社会认可度的不断提高就印证了这一点。

现代职业教育体系框架初步建成。根据《现代职业教育体系建设规划（2014—2020年）》，建设现代职业教育体系具体分两个阶段进行：第一阶段，2015年初步建成现代职业教育体系框架；第二阶段，2020年基本建成中国特色现代职业教育体系。这些年来，在政府统筹规划和市场需求导向的双重作用下，经过政府、职业院校、企业、社会等多方努力，目前终身教育理念得到了广泛宣传，进一步完备了职业教育政策制度，不断完善了职业教育人才培养层次，以市场需求进行了职业教育专业结构调整，中等职业教育和高等职业教育实现了全面衔接，基本建立了产教融合、校企合作的科学体制机制，这都意味着现代职业教育体系基本框架已经初步建成。在此基础上，现代职业教育体系建设的第二阶段正在深入推进并取得了很好的成效。因此，现代职业教育绿色发展有着可靠的宏观体系支撑。

现代职业教育内部运行机制态势良好。经过多年的发展，现代职业教育实现了从规模扩张转向内涵提升，并且形成了有效提高教育质量的内在运行机制。首先，在国家人才培养体系中职业教育的重要位置得以确立，“崇尚一技之长”的社会氛围已经形成，人们尤其是年轻人学习职业技能的积极性得到了充分激发，大工匠精神传承有望。其次，职业院校拥有了更多的办学自主权，面向社会办学，根据市场需求设置或调整专业，在人事管理、教师评聘、收入分配等方面的自主空间不断拓展，探索建立学分积累和转换制度，职业教育上升通道愈加顺畅，在由中职和高职专科层次教育逐步向高职本科和专业学位研究生层次教育纵向延伸的同时，也在向普通教育和人力资源市场进行横向的开放发展。这就为现代职业教育绿色发展提供了内生动力源。

社会力量参与现代职业教育的氛围日渐浓厚为充分发挥民间力量在激发现代职业教育发展活力方面的重要作用，政府通过不断完善各类职业院校设置标准，建立更加公开、透明、规范的民办职业教育准入制度和审批制度，使鼓励社会民间力量参与职业教育的政策环境得以进一步改善，社会力量参与职业教育的氛围越来越浓厚。依据有关政策，各类社会办学主体以资本、知识、技术、管理等要素参与职业教育并享有相应权利，通过独资、合资、合作等多种形式举办民办职业院校，实行股份制或者混合所有制，无疑为现代职业教育绿色发展奠定了坚实的社会基础。

二、新常态下现代职业教育绿色发展的价值追求

现代职业教育绿色发展的最终价值追求在于实现人的自由全面发展。在实践中这一价值诉求具体体现在对培养对象的影响和对社会发展的贡献两个方面。

（一）对培养对象的影响

对于培养对象来说，现代职业教育绿色发展就是促进职业院校学生的自由全面发展，而培养其自由全面发展所需要的专业知识、职业技能、综合素质等内容，是现代职业教育绿色发展价值追求的重要元素。

提升职业院校学生的专业知识水平。教育的过程必须以传授一定的知识为前提，现代职业教育也是一样的，必须教授给学生相应的知识。当然，这里的知识应当是专业知识，是符合专业对应岗位的专业知识，是今后锻炼职业技能时必需的知识。因此，在现代职业教育绿色发展中，专业知识的教授是为职业技能训练服务的。

提升职业院校学生的职业技能。职业院校学生与普通学科型学生的重要区别是对职业技能的培养和训练，现代职业教育是围绕专业对应岗位或者岗位群的主要职业技能设计人才培养方案的，可以说职业技能是现代职业教育人才培养的根本出发点和落脚点，所以职业院校学生各项职业能力的提升，尤其是自我拓展和持续学习方面的能力将为绿色发展提供重要支撑。

提升职业院校学生的综合素质。综合素质包含的内容较为丰富，其中职业素质、创业素质、就业素质等尤为重要。综合素质的养成需要贯穿在现代职业教育绿色发展的各个环节，不是一蹴而就的，而是全面设计、综合培养的结果。

（二）对社会发展的贡献

在新常态下，现代职业教育对社会发展的贡献集中体现在经济发展和国民素质两个方面，可以说现代职业教育具有的独特优势是其他类型的教育不可比拟的。

对提升国民素质的贡献。教育的重要功能之一就是提升国民素质。作为现代教育重要组成部分的现代职业教育，在产业结构优化升级的社会转型时期，在提升国民素质中发挥着重要作用。教育部《2016 年全国教育事业发展统计公报》的数据显示：2016 年全国中等职业教育在校生达到 1 599.01 万人，占高中阶段教育在校生总数的 40.28%；全国各类高等教育在学总规模达到 3 699 万人，高等教育毛入学率达到 42.70%，全国普通高等学校 2596 所，其中高职高专院校 1 359 所，约占全国普通高校总数的 52.30%。从数据中可以看出，目前现代职业教育在整个教育体系中规模可观，对于推动教育现代化发展、提升国民素质整体贡献巨大。

三、新常态下现代职业教育绿色发展的基本原则

在经济新常态下，以新发展理念为思想引领，现代职业教育绿色发展要坚持立德树人的根本原则，具体而言主要体现在以下几个方面。

（一）正确导向原则

在新常态下，现代职业教育绿色发展必须以习近平总书记系列重要讲话精神为指导，在坚持科学发展观的基础上，牢固树立“创新、协调、绿色、开放、共享”等发展理念，在统筹推进“五位一体”总体布局、协调推进“四个全面”战略的大格局上，运用全新的理念、思维、理论辨析和处理现代职业教育发展过程中面临的挑战与问题，使现代职业教育的绿色发展始终具有正确的政治导向，同时遵循现代职业教育绿色发展的科学规律。

（二）可持续原则

可持续是现代职业教育绿色发展的应有之义和根本的发展状态，也是现代职业教育绿色发展的本质要求。这里的可持续主要包括三个方面：一是人才培养对象发展的可持续性。人才培养对象即职业院校培养的学生，应当是可持续发展的，尤其是就业或者升学后，自身的发展能力是可持续的，具有适应经济新常态而不断完善自身、不断更新知识、不断提升技能的能力。二是教育教学质量提升的可持续性。教育教学质量是衡量一切教育类型良莠的关键指标，在新常态下现代职业教育的绿色发展必须坚持“以服务发展为宗旨，以促进就业为导向”，通过不断加强内涵建设，使高质量的教育教学具有可持续性。三是促进经济社会发展的可持续性。在经济新常态下，随着产业结构的优化升级，经济社会的持续发展对各类技能型人才的需求必将不断增加，这就需要现代职业教育的人才培养必须“适应技术进步和生产方式变革以及社会公共服务的需要”，紧密衔接经济社会的发展，及时调整现代职业教育的办学目标，以适应持续发展的要求。

（三）责任担当原则

经济新常态下，现代职业教育肩负着培养数以千万计的高素质技能型人才的历史使命。经济社会的发展离不开现代职业教育，现代职业教育也必须担当起自身对经济社会发展不可推卸的历史责任。具体来说主要包括三方面的责任：一是对家庭的责任。作为现代职业教育直接服务和培养的对象，职业院校的每一名学生对应着一个家庭，身上寄托着一个家庭的希望与未来。因此现代职业教育应本着对无数家庭负责的态度，精心设计教育教学的内容和环节，使其得到满意的服务。二是对用人单位的责任。虽说企事业等用人单位是现代职业教育的间接服务对象，却是职业院校学生的直接服务对象，用人单位的满意度直观地验证出现代职业教育成果的质量状况。因此，现代职业教育应担当起对企事业用人单位的责任，把用人单位的人才需求作为确定人才培养目标的核心依据。三是对社会的责任。经济新常态下，现代职业教育的主要任务是培养出各类高素质的技能型专业人才，这也是

社会发展亟须的人才。因此，为了推动社会的不断发展和进步，现代职业教育在绿色发展中必须担当起应负的社会责任。

四、新常态下现代职业教育绿色发展机制构建

在经济新常态下，现代职业教育绿色发展以实现人的自由全面发展为价值诉求，以立德树人为根本原则，而良好的机制则是实现现代职业教育绿色发展有效运行的关键。

（一）构建各合作主体的多元合作机制

以互惠共赢为基本点，政府应充分发挥在推进现代职业教育绿色发展中的引导、规范、督导和统筹协调作用，照应各方利益诉求，调动参与办学主体的积极性，协商筹措资金投入，精心设计合作形式。以多方发展的共同愿望为基础，以人才、技术、效益为结合点，以发挥各合作主体的优势为条件，遵循市场经济规律以及职业教育绿色发展规律，政府、职业院校、企业、行业以及其他民间组织，逐步形成优势互补、共同发展的多元合作机制。

（二）构建各合作主体的互惠共赢保障机制

以现代职业教育绿色发展体系为合作平台，按照市场经济规律，优势互补、互惠互利、共谋发展，建立互惠共赢机制，为保障合作提供持续动力。比如，在校企合作办学模式中，一方面，学校通过与企业深度合作，能够正确定位人才培养目标，使其更好地适应企业的人才需求。另一方面，企业通过职业院校获得优势的专业、人才、资源等支持，提高自身的市场竞争力；通过职业院校培训职工以满足人才终身学习的需要；通过学生顶岗实习补充人力，在这一合作中提升学生的专业技能，同时对企业生产也有一定的贡献。

（三）构建各合作主体的综合协调机制

基于各合作主体的利益与发展需求，通过整合政府、行业、企业和职业院校等各方的相对优势资源，在共享发展中积极发挥各合作主体的产、学、研之长，以建立现代职业教育绿色发展的综合协调机制。在合作办学过程中，政府发挥宏观调控和统筹作用，从宏观管理的高度充分把握行业发展趋势，在全局和长远利益的把握、发展思路和导向等方面给予有针对性的引导，使现代职业教育的发展循序渐进；行业发挥对校企合作办学的协调主体功能，参与职业院校的教学质量评价，提供动态的岗位需求信息、经济和技术发展信息、企业员工培训计划信息，提高企业与学院在人才培养对接方面的针对性和有效性；学院利用行业企业的信息优势，根据市场人才需求预测，规范专业建设、开展专业课程改革，与企业合作进行技术培训和产品研发，为区域经济社会发展培养各类技能型人才，为合作各方优先提供人力资源支持和技术服务，积极开展社会服务，促进区域经济发展。通过统筹和协调多元化的办学要素，努力寻找各合作主体利益和兴趣的契合点，在务实、兼容、共赢的综合协调机制中，保持各合作主体之间合作的可持续性。

（四）构建各合作主体的多样化激励机制

现代职业教育绿色发展在内部机制上要以制度为基础，明确各合作主体的地位、功能和职能，确定各方合作主体参与办学的方式，以共享利益为基点，从多元化投入和市场化运作切入，建立合作办学的多样化激励机制，促进现代职业教育绿色发展目标的顺利实现。建立职业教育成本分担制度，出台合作发展的实施办法，建立多元化的投入体系，拓展合作办学的发展空间；以资源共享为合作基础，以多方共赢为合作目标，引入市场经济成本概念，优化办学的资源配置，进行教育成本核算、产权界定和利益分配，形成校企合作共赢机制，真正实现合作各方共担风险、共享利益，达到各合作主体协调发展、互动发展、共同发展的目的。

第四章　职业教育信息化

第一节　我国职业教育信息化的研究现状

一、职业教育信息化相关概念界定

（一）信息化的概念

吴敬琏把信息化划分在文化这一类中并从狭义的角度把信息化定义为是信息通信技术渗透到人类社会的生产、交换、交往等所有层面、领域的过程。王旭东认为信息化是人类社会向智能化的过程，他认为信息化必须在计算机信息处理技术得到发展的基础上，以信息的传递为纽带，使社会财富的创造者具备智能信息处理能力，信息化标志着一种新型生产力和新的生产方式。王豫生认为信息化的内涵是不断发展与变化的过程，并从四个方面归纳信息化的内涵，内涵包括信息技术的应用所带来的以生产工具为代表的劳动资料的变革、信息技术的应用所带来的劳动对象的变革、信息技术的应用所带来的劳动者素质的变革和由于生产力的变革所带来的生产关系和上层建筑的变革。

（二）教育信息化的概念

焦建利、贾义敏、任改梅[a]把国内有关教育信息化的内涵从两个方面进行了分类：一类是从过程中突出教育信息化，这一类的内涵基本上是将教育信息化定义为系统地实现教育现代化的过程或者系统工程；另一类内涵是从结果上突出教育信息化，强调教育信息化最终是为了实现教育现代化。南国农也将信息化归于一种过程，他认为所谓的教育信息化是指在教育中普遍运用现代信息技术，优化教育的过程，优化教育包括教育资源开发、教育过程优化、学生信息素养的培养与提高等。黎加厚认为教育信息化是以现代信息技术为基础的一种新教育体系，包括教育观念、组织、内容、模式、技术、评价、环境等一系列的改革和变化。他提出教育信息化不能简单地和计算机化、网络化画上等号，它是一个与教育改革、教育现代化有关联的系统工程。李克东提出了教育信息化的六个基本要素，他认为教育信息化是指在教学的各个领域开发并应用信息技术与资源，培养适应信息社会的人才，以此来推动教育现代化的进程。他把教育信息化的六个基本要素概括为：在教育领

a　焦建利，贾义敏，任改梅 . 教育信息化的宏观政策与战略研究 [J]. 远程教育杂志，2014(1)：25-32.

域中广泛应用信息技术，开发丰富的教育信息资源，建设国家、地区、学校教育信息网络系统，发展教育信息的支撑产业，培训掌握信息技术的教师队伍，制订教育信息化相关标准、规范和政策。

（三）概念

范如涌、项晓乐认为所谓的职业教育信息化，就是职业教育的师生在现代网络技术的支撑下，运用信息技术，利用信息资源来推动职业教育的发展与改革，以此方式来推动职业教育现代化，满足职业院校需求的过程。肖力认为职业教育信息化必须先从先进的教育思想开始，以先进教育思想为指导，以网络技术、多媒体技术、大数据、云计算等多种技术为支撑手段，开发职业教育的相关资源，进而优化现代职业教育，让现代信息技术与现代职业教育深度融合。徐晔认为职业教育信息化是职业院校及其相关机构，通过不断加强信息技术的基础设施建设，借助网络的帮助，学校教师开展信息化教学、院校管理人员进行信息化教学管理、学生进行信息化学习，是从三方面提高培养人才质量的过程。

二、职业教育信息化发展过程中出现的问题及对策

我国在发展职业教育信息化的过程中出现了许多问题，而不同的学者由于观察的角度不同，发现的问题也不尽相同。

（一）职业教育信息化制度的问题

肖力、程建钢与申丽丽虽然都是从职业教育信息化制度的角度来指出现阶段职业教育信息化发展过程中出现的问题，侧重点却不相同。肖力从扶贫的角度认为我国的职业教育信息化体制机制不健全，对职业教育扶贫的评价体系过于单一，以致在扶贫过程中存在一定的水分。程建钢从政策与措施的整体性来看，认为我国的相关政策与规划缺乏整体性、针对性与持续性。申丽丽认为职教信息化建设是制度、器物与理念等全方位的建设，而目前我国的发展却是重视网络资源平台等硬件的建设，忽视信息化应用开发等软件设施规划。

（二）职业教育信息化认识的问题

程建钢指出，首先在我国职业教育信息化建设中，最重要的问题就是对职业教育信息化缺乏系统而深刻的认识，而程建钢并没有详细地说明哪一环对信息化缺乏认识。高菁则是在CNKI中对以“职业教育信息化”为主题的期刊论文进行检索，进一步得出在职业教育中职业院校、政府、教师、学生等多方对职业教育信息化的认识均不深刻，而其中最突出的是职业院校未能认识到建设职业教育信息化的本质，大部分职业院校教师对建设职业教育信息化还停留在使用多媒体教学上，教师与学生对信息化设备没有进行高效的利用。

（三）职业教育信息化教师信息化的问题

许增站指出现在教师的信息化水平由于年龄、学历、专业这三方面的原因造成信息化水平差异大，大部分的教师处于信息检索并初步加工、运用简单的信息工具的信息化初级

阶段，对信息资源与信息技术设备的利用还有待提高。肖力从中西部扶贫角度提出教师信息化是职业教育扶贫的重要推手，指出我国贫困地区的现实基础造成“优秀师资难引进，已有师资质不高”的现象，贫困地区教师信息化水平低，对使用慕课、微课等在线网络精品课程，运用信息化教学手段等方面还存在很大的问题。

（四）职业教育信息化资源建设的问题

金凌芳指出因对职业教育资源的投入不足与职业教育专业课程的繁多使得我国职业教育专业课程教学资源建设发展缓慢，难以建设新型专业课程教学资源，致使专业课程教学资源还停留在初级阶段。此外，职业院校的教学网络资源大部分源自购买外部网络课程设计公司的课程，院校内教师设计的网络课程较少，课程内容与学生所需学习内容相差较大。肖力分析贫困地区的职业教育信息化资源建设情况，与普通高校相比，职业教育因其教育的专业性对信息化的设备、场地、器材要求较高，而国家及社会对职业教育的资金投入与关心却不够。同时，贫困地区因为经济问题，教育信息化资源更是发展不足，学校在缺少教师与资金的情况下，对学校的信息化设备缺乏管理和定期维护，学校设备损坏与故障的概率更大。

（五）职业教育信息化发展过程中出现问题的对策

职业教育相关各方应正确认识职业教育信息化。政府在发展教育信息化的基础上，应加大对职业教育及职业教育信息化的重视；职业院校应引进信息化设备与加强信息化教学，保障职业教育信息化发展；网络教育公司可与职业院校联合开发课程，实现一对一课程资源设计；教师应充分利用教育信息资源，不断提高自身的信息素养；学生利用互联网和移动设备，在慕课、微课等网络课程中学习并拓展相关专业内容。

培养职业教育信息化的师资队伍。教师是培养人才的主力军，因此在职业教育信息化的过程中更应该关注教师对于信息化的适应与掌握。第一，教师要改变教育思想，教师是学生学习的指引者而不是掌控者。第二，教师要提高自身的信息素养，要想适应社会的发展，就必须学习先进的信息技术。教育信息化背景下，学生可以多渠道获取知识，因此教师也必须不断地提升自身的信息素养与专业知识储备。

姬如提出借助网络平台，实施远程职业教育。职业教育不仅包括学校教育，还有部分远程教育。职业院校通过远程教育使在职学生学习学校教学内容，减少在职学习者因时间、路程等问题的不便，提高在职学习者的学习与工作效率。加强课程教学资源等信息化资源建设。学生可以利用课程教学资源进行自主学习，教师可以利用课程教学资源对不同的学生进行教学活动，因此，课程教学资源的建设必不可少。针对课程教学资源建设还停留在初级阶段的现状，金凌芳提出首先要确定课程学习领域与目标，其次根据不同的课程开发不同的教学内容，最后职业教育信息化相关者协调合作共同建设课程教学资源。王长文、宗诚指出高等职业教育专业教学资源库的建设可以服务于教师教学，促进在校生与在职生学习，从而推动职业教育信息化。

我国职业教育信息化目前还处于探索阶段，在信息设备及技术的运用及推广方面还存在很多问题。多数学者对职业教育教学信息化持以肯定和支持的态度，信息化为职业教育的革新提供了强有力的支撑。也有部分学者持反对意见，认为职业教育教学信息化必然会带来问题，因此需要辩证地看待职业教育信息化，在推进职业教育信息化的过程中不能忽视人的主体地位，不能为了职业教育信息化而信息化。对于职业教育教学信息化发展中的问题，需要政府、职业院校、相关企业、教师、学生等共同参与，协同共建职业教育信息化。

第二节　职业教育信息化的理想境界

自 2014 年 2 月党中央、国务院成立中央网络安全和信息化领导小组以来，围绕教育信息化，教育部先后出台了多个专门性的文件；2018 年 4 月，为深入贯彻落实党的十九大精神，积极推进“互联网 + 教育”发展，教育部印发了《教育信息化 2.0 行动计划》（教技〔2018〕6 号）。一系列文件的密集出台，充分说明教育信息化已经成为国家战略，成为支撑教育现代化、实现教育强国梦的重要手段。教育信息化凸显突破时空限制、快速复制传播、多样呈现手段的独特性，为创造泛在学习环境、支持全民终身学习、促进教育公平、提高教育质量提供了重要支撑。但要实现教育信息化对教育现代化的支撑和引领作用，必须先设定好理想境界，本节正是在此基础上形成的对职业教育信息化理想境界的一些思考。

一、职业教育信息化发展的历史必然性

“智慧校园”的理念首次出现在 2010 年的信息化“十二五”规划中，这一理念的提出标志着“互联网 + 教育”进入实践运用阶段。校园信息化建设的趋势分为四个阶段：计算机机房、网络化校园、数字化校园、智慧校园。然而当前校园信息化建设的现状是中职学校仍处于由第一阶段向第二阶段的过渡中，大批高职、普通高校则处于由第二阶段向第三阶段的过渡中。无论处于信息化建设链条的哪个阶段，智慧校园建设都是未来趋势和必然方向。

（一）“互联网 +”理念上升至国家战略

2015 年 4 月 23 日李克强总理在泉州品尚电子商务公司考察时的讲话指出：“‘互联网 +’未知远大于已知，未来空间无限。每一点探索积水成渊，势必深刻影响重塑传统产业行业格局。”2017 年 3 月 5 日李克强总理在第十二届全国人民代表大会第三次会议上所做的政府工作报告中指出要制订“互联网 +”行动计划。《国家中长期教育改革和发展规划纲要（2010—2020 年）》指出“信息技术对教育发展具有革命性影响，必须予以高度重视”。这充分说明“互联网 +”理念已经上升至国家战略，成为改造传统行业的重要力量。而“互联网 + 教育”模式也必然成为传统教育升级的重要驱动力，智慧校园建设是“互联网 + 教

育”模式的重要实现。

（二）教育概念新要求更加注重交流

最新的教育概念提出教育必须更加注重交流。在《国际教育标准分类》中，教育的概念由 1976 年提出的“有组织的和持续不断的传授知识”，演变为 1997 年的“导致学习的、有组织的和持续的交流”，进而到 2015 年提出，知识不仅局限文本而且包括技能。这说明学习不再局限课堂而更重视情景感知、场所体现、实训操作，教育必然成为课堂学习交流和实景操作有组织、持续的交流。从“传授知识”到“交流”，教育中的主体变成了学习者，“交流”也不再仅限于教授者与学习者之间；交流越来越重视情景模式，交流的内容包括操作技能，教育的定义得以丰富拓展。

（三）“互联网 +”的理念与教育的要求高度契合

“互联网 +”跨越了空间局限并打破传统交流的方式和场所，把原本相对孤立的信息、场景打通，完成行业间信息交换和情景再现。互联网的开放、平等、互动、共享、协作等特点以及其理念与关键技术，使其成为教育现代化的重要推力。借助互联网，能够很好地改造教师的“教”、学生的“学”和学校的“管”；构建丰富便捷的“资源系统”、个性自主的“学习系统”和智能高效的“学校系统”；利用智慧教室、大数据、社交网络与协作学习、移动互联、资源整合与组织、学习分析等互联网手段构建“教”“管”“学”相融合的系统。

二、职业教育信息化推进的现实困境

随着教育信息化的整体推进，职业教育信息化逐步发展起来，并根据职业教育的规律要求形成了自身的特色，在职业教育现代化的过程中发挥着明显的作用，为职业教育的质量提升、特色塑造和形象提升做出了贡献。然而由于职业教育在自身基础能力建设上一直比较薄弱，目前职业教育信息化仍存在不少问题，如职业院校管理层对职业教育信息化的认知、理解和建设还存在一系列误区；在硬件配置、软件配套上存在不足；教师队伍的信息化技术应用水平也与实际需求不相适应。

（一）对信息化认识的准确度不到位

思路决定出路，作为学校发展的重要管理者和决策者，领导管理层的认知对学校战略规划和发展方向起着决定性的作用，因此解决学校领导认识问题是实现教育信息化理想境界的首要问题。领导层面认识不足主要表现在以下几个方面：其一，价值认识不足。一些教育行政部门和学校领导没有充分认识到信息技术对教育教学管理的革命性影响，没有充分认识到其在引领教育现代化发展，推动教育理念更新、模式变革、体系重构方面的引领价值，没有充分认识到其在智能环境下对教育理念、文化和生态重构的支撑价值。其二，战略定位不足。没有把信息化作为学校战略高度，没有充分把握信息化建设对学校发展的全局性和前瞻性价值，而是把它当成学校基础能力建设和办公自动化的问题，将信息化边缘化，导致信息化建设没有系统性、没有高度。其三，执行过程弱化。重硬件配置轻平台接入，重资源数量轻实际运用。在信息化应用过程中受传统势力和使用习惯的惯性阻力，信息化在终端应用层面逐级弱化。

（二）政策引导和保障不力

在信息化建设进程中，主要依靠政策驱动进行。虽然教育部每年都发布《教育信息化工作要点》，制订了相应的规划，实施了“三通两平台”建设，设立了职业教育信息化试点，一系列措施的实施切实推动了教育信息化的快速发展，但是从实施的效果和发展的速度来看，依然存在引导不足和保障不力的问题。主要表现在：“在信息技术建设和运用过程中，存在重项目轻运用、部分院校信息资源利用率较低等问题。也存在重项目申报，轻项目研究和建设的问题。另外，项目的质量监控、反馈和持续推进机制还不够健全，项目一旦完成或周期一过，其后续建设就缺乏动力，示范效果难以体现，在某些职业院校还出现了国家级项目的‘烂尾’工程。”

（三）顶层设计和要求偏弱

顶层设计具有顶层决定性、整体关联性和实践可行性，从全局出发，运用系统论方法，集中有效资源实现目标。因而，职业教育信息化要推动和发展，就必然要从顶层设计入手，制订战略计划，进而指导职业教育信息化实践。从国家层面来说，《教育部关于进一步推进职业教育信息化发展的指导意见》中指出自“十二五”以来，职业教育信息化战略部署初步形成，但与国家实施“互联网 +”等重大战略的需求相比差距仍较大；从各地教育行政部门层面来说，各地在职业教育信息化总体规划方面参差不齐，导致实施效果好坏不一；从职业院校层面来说，职业院校管理层普遍缺乏顶层设计意识，未将职业教育信息化战略纳入学校发展战略。此种情况使得当前职业教育信息化进程缓慢，仍处于被边缘化的教育地位。

（四）技术应用能力偏低

应用是教育信息化的生命力所在，应用的主体是“人”。“人”不仅是使用者，而且是实施者和推动者。因而，职业教育信息化实施的好坏、推动效果的快慢很大程度上依赖于使用人员的应用能力。然而在多数职业院校中，使用人员不愿、不想、不能创新，对当前“互联网 +”的发展趋势把握不够，缺乏正确的信息化教学理念，存在诸如信息化就是用 PPT 代替传统的板书、简单地通过图片视频及课件来进行授课的错误观念；教育教学目标、教育教学内容与信息化融合度不够，信息技术辅助教学的优势难以充分发挥；部分使用人员在应用技术过程中基础薄弱、应用水平不高、专业知识不足、将信息化技术运用到教学中的实践能力不够；专业化技术支撑队伍服务能力低下、跟不上信息化发展的速度、不能满足教育信息化的发展需要。

（五）技术支持系统性和有机性较差

现今，职业教育信息化发展仍处在初级阶段，其中最突出的一个问题是基础设施建设缺乏统一的网络规划，信息技术支持系统和有机性（路、车、库等）较差，难以适应将来技术的发展和应用。职业院校校际网络信息平台存在重复性、盲目性、低层次建设；数据库建设不规范；重复采集、重复记录、数据冗余现象严重；数据描述口径不统一，信息共享难。这些现象导致校际技术系统性和有机性较差，互通性较低。

（六）政校企相互匹配度低导致推进动力不足

在职业教育信息化推进过程中，政府和市场是互补的。政府作为统领者，发挥规范引导和统筹指引作用；市场作为“看不见的手”，在资源配置中处于决定性地位。只有处理好政府和市场的关系，才能发挥合力作用推动职业教育信息化的顺利开展。政府对职业教育信息化的统筹，对学校人才培养目标的规定都是从大局、整体层面考虑的，制订策略缺乏针对性。而市场又是极具变化性的，使得政府和市场之间的匹配度不高。当前作为市场供给方的学校和作为市场需求方的企业，二者之间的匹配度较低，学校培养的人才并不十分符合企业的要求，造成企业需要的高素质技能型人才仍存在短缺状况。综合起来就表现为政府、学校、企业之间的匹配度低，对职业教育信息化进程推进动力不足。

三、职业教育信息化建设的理想境界

职业教育信息化的理想境界即职业教育信息化臻于最完善的境界。要实现职业教育信息化的理想状态，就要从统筹完善职业院校的信息化战略系统，构建“人人皆学、处处能学、时时可学”的资源系统、学习系统和学校系统入手，打造职业院校信息化新格局，达成其战略和价值的统一。

（一）信息化要在基础能力和理论指导建设上协同发展

职业教育信息化建设重在设施建设、政策统筹、长期服务。设施建设是指教育信息化的基础环境建设、教育资源公共服务体系建设、数字教育资源开发等基础能力建设，它是提高职业教育信息化发展的物理环境和条件保障。这是工具性问题，旨在“利其器”。而“利其器”必然需要理论指引和支撑，政策无疑充当了理论指导的角色。政策统筹是从全局视域出发对职业教育信息化进行统筹管理与指导，注重体制机制创新，为职业教育信息化创设制度保障和组织保障，具体化职业教育信息化发展的核心目标和重点任务，这是战略设计和价值目标问题。职业教育信息化的战略设计和价值目标设定是前提，是基础，是理论指导，基础能力建设是在理论指导基础上的实践应用，是推进信息化进程的必然措施和途径。

（二）信息化要在战略上实现学校的全面改造

用教育信息化引领职业教育改革应该从教师的“教”、学生的“学”、学校的“管”三个角度进行。

第一，改“教”。

改变传统的教育思路。要跳出课堂谈教学，跳出学校看教育。借助信息化手段，实现生本教育原则、教师先导原则转向师生互动、以生为本的引领教育改造，由课堂教学为主转向学校教学和企业实习教学相结合，由知识传递向素质培养和技能养成转变，由学校包办教育转向以学校为主导和统筹、行业企业充分参与转变。

改变传统的教育模式。要在信息化的环境中改造我们的教育课程、教育方法、教育场景。在教育课程上，要将技能性教育和知识性教育进行分层和融合，遴选示范课例，汇聚优秀案例，分学科建立课程包，通过大数据分析和虚拟仿真技术，实现课程定制个性化，学习时间自主化，普及推广网络学习空间应用，实现“人人有空间”。在教育场景上，要充分借助信息资源系统和互联网手段，将教育的主阵地由单一的课堂、教室和学校，扩展到线上线下、工厂车间，根据不同的教育学习阶段，配置对应的教育场景。

改变传统的教育主体。由现阶段单一的学校教师制转向双师制，即学校教师和企业导师制。学校教师负责知识教育，企业导师负责技能教育。建设网络测评系统，对学生的知识积累和技能养成进行精准测评和反馈修正。

第二，改“学”。

借助信息化手段实现个性化学习。通过学科知识库、教学资源库、专题学习模块、在线作业模块、辅导答疑模块、联系检测模块等的建设，在泛在技术与普适计算的情境创设和支持下，让学习者自由自主、随时随地选取学习资源，实现个性化学习。

借助信息化手段实现弹性化学习。所谓弹性化学习主要是指学习时间的弹性化。“互联网＋教育”使得教育突破了教室的空间局限和教师上课的时间局限，依托丰富的资源系统，学习者可以根据自己的实际情况自主安排学习时间，实现弹性化学习。

借助信息化手段实现泛在学习，即 U-Learning(Ubiquitous learning)。泛在学习指无所不在的学习，普适学习。从广义上讲，它是指学习的发生无处不在，学习的需求无所不在，学习资源无所不在，学习者随时随地都可利用终端设备与网络连接开展学习活动。“在泛在网络中，学习者的学习活动将不再受时间和空间的限制，任何人都可以在任何时间、任何地点进行按需学习。”

借助信息化手段实现学习互动。互联网时代，面对面交流不再局限于同一时间和空间，借助摄像头和网络，学习者可以通过移动终端设备与教师、学习伙伴实现实时或异步的学习交流与协作，学习互动变得极为高效和便捷。

第三，改“管”。

转变原有的将教育信息化局限于管理手段、构建平台的浅层硬件配置思维，应利用信息化对学校资源，如学籍管理、教务管理、后勤支撑体系等进行系统优化，科学整合，从而为弹性学时和学分制改革的顺利进行提供支撑，全面提升教育管理信息化支撑教育业务管理、政务服务、教学管理等工作的能力。实现从管理向治理转变、从管理的随意性向管理的公开性和民主性转变、从一般性的禁止向依托大数据和云计算的引导性管理转变。

将信息化引入职业教育，在战略上体现“教”“学”和“管”的融合创新、全面改造。充分激发信息技术对职业教育的革命性影响，“将信息技术融入教学和管理模式创新的过程中，以创新促发展，推动教育服务供给方式、教学和管理模式的变革，形成中国特色的教育信息化发展路径”。

（三）信息化要在价值上实现学校的根本建设

用教育信息化重构现代职业教育体系要以新的理念作为指导、新的技术作为路径、新的平台作为依托，确定学校教育改革的新方向及其发展。具体要从“资源系统”“学习系统”“学校系统”进行全新的价值构建。

第一，构建新的资源系统。

借助信息化手段将学校资源和行业企业资源进行整合。实施教育资源大共享计划，从横向上要能够覆盖同一地区不同层次学校不同年级学科的需求；在纵向上要能够覆盖企业与学校、教学与管理。这就需要以极大丰富的内容、更先进的技术手段对学校教育资源和行业企业资源重新进行组织，对传统的教育信息系统、校园网络系统重新进行优化，“聚合更大范围的教育资源，建立可流动、可获取、可应用的大规模非结构化教育资源”。

借助信息化手段将学校资源进行标准化和课程包的改造。升级职业教育专业教学资源库，丰富职业教育学习资源系统，提供精品大规模在线开放课程。引入行业资源，对应行业标准和职业标准对学校现有的教育资源进行标准化和课程包改造，以满足不同学龄学习者对学习的需求。

打破教研室的垄断和专业垄断进行资源系统重构。“拓展完善国家数字教育资源公共服务体系，推进开放资源汇聚共享，打破教育资源开发利用的传统壁垒，利用大数据技术采集，汇聚互联网丰富的教育资源，为各级各类学校和全体学习者提供海量、适切的学习资源服务。”这个资源系统同时将学生信息化应用能力、运用习惯与资源系统的构建充分结合；全新的资源系统必须由传统的支持“教”转向对“教”“管”“学”全方位支持，为产教融合、校企合作、教育与培训提供支撑。

第二，构建新的学习系统。

学习不仅是学生的学习，互联网时代知识更新速度加快，技术日新月异，这就要求教育系统中的每个角色都要不断学习。因此，新的学习系统不仅要为学生的个性化、自主性、泛在化学习提供条件，也要为教师的继续教育和专业成长提供学习机会，为管理人员尤其是校长的学习提供支撑。在这个系统中，教与学的场景、手段都要根据实际情况满足最优化配置和最便捷实现，实践教学、岗位实操、在企业和行业环境中学习应该成为提升学习效率的重要手段。在这个系统中，教学主体、学习主体、管理主体等学校内各类不同的使用者都能够自由、自主、方便共享学习资源。

第三，构建新的学校系统。

职业教育作为一种面向经济建设主阵地的跨界教育，必须从纵向和横向两个维度进行开放性顶层设计。横向要与行业、企业、区域经济发展进行充分融合和服务，为区域供给侧改革提供应用技术型人力资源支撑；纵向要打通中等职业学校、高等职业院校和应用技术型本科的充分联通，在中高联动和专本衔接上打通渠道，从而构建全新的学校系统。这个全新的学校系统必须以信息技术手段为支撑，从而实现人才培养的针对性。通过对地方企业人才需求数据的积累，建立人才数据库，从而实现对各行业、各企业人才需求种类和数量的准确预测。在纵向上通过信息技术手段实现学分互认，诸如建设个人终身电子学习档案，实现学分互认、积累或者转换，从而打通各学历阶段之间的通道。

（四）在战略和价值统一的基础上，构建学校信息化的新格局

职业教育信息化工程要体现战略目标和价值目标的统一，在战略和价值融合的基础上，由点到面、由局部到教育教学与管理整体，推进职业教育信息化的“渗透”，从而构建学校信息化的新格局。具体要从以下十个方面来进行：

其一，使学校管理精细化。信息化手段自发明之初就被运用在学校管理的方方面面，随着技术的升级，管理运用的领域、精细化程度也随之升级。管理的精细化应包括精细化操作、精细化控制、精细化分析、精细化规划等。但这些功能随着大数据和云计算技术的加持，应衍生出更高级的“玩法”，即通过管理过程中的数据收集和分析，对管理优化和效能提升产生更多正向助力。

其二，使学校教学互动化。教学与科研是学校发展的“命脉”。教学是基础性工作。特别是信息化进入学校后，教师的定位发生了根本性变化，从单向的“教”，到双向的“教”与“学”，教师的身份逐渐向协助者、资料收集者、传播者和评估者的身份转变。借助信息化手段，增强教师的“教”和学生的“学”之间的互动，发挥学生的主体性精神，建设和谐课堂。

其三，使学校科研精准化。学校科研是评价学校发展的一个重要指标。随着信息化在学校管理事务中的运用，作为科研管理主体的学校通过信息化手段对学校科研工作进行分析总结，做到“精准化科研”。确保对科研项目实现精准申报、精准管理、精准监督，确保科研工作健康发展。

其四，使学校服务人性化。教师和学生在实现教育信息化过程中担当主体角色，教育信息化成败的关键就体现在教师和学生的应用层面。因此，要使教育信息化满足教育主体的需要，就必须从主体本身需要出发，做到以人为本，服务人性化。

其五，使学校资源效能化。学校信息化建设着重“互联网＋校务服务”、基础设施与数据平台建设、教育教学信息这三个方面，通过信息化手段全面掌握学校“大数据”，实现学校资源整合，最大限度地发挥资源效用。

其六，使学校应用“傻瓜化”。所谓“傻瓜化”是建立在工具“智能化”基础之上的

应用“傻瓜化”。通过人工智能和虚拟现实技术在教学、管理、科研、服务等终端的应用，教职员工在设备管理、平台运用、系统操作等方面获得简单易用、高效便捷的体验。

其七，使学校文化生态化。生态就其意蕴而言强调的是和谐运转的关系。生态化就是按照生态规律推动事物运转和发展。学校文化生态化的目的在于打造生态良好的育人系统，推动学校教育的持续发展。在教育信息化背景下，要使教育信息化突破目前困难，就必须从系统论、生态学视角进行深思，使其进入深层次应用领域，构建和谐的“教育信息生态环境”，实现学校文化生态化发展。

其八，使学校安全智能化。学校安全是家庭幸福、社会和谐的重要保障。随着校园信息化发展浪潮的推进和智能化概念在各行各业的渗透，校园智能安全技防体系建设是大势所趋。加强学校安全智能化为做好“事前预防、事中监管和事后取证”提供技术支持，提高学校安保指数。

其九，使师资成长社会化。“教师社会化指使个体成为教师共同体中参与性成员的过程，其核心是教师的学习、适应和调整，其结果是使教师具备教师角色要求的知识、技能、信心和动机，并忠诚于所在的学校和工作团队。”当前，随着学校信息化建设，教师在教学过程中又有了新的使命和任务，既要懂信息化，又要能在课堂中应用信息技术手段来辅助教学。

其十，使学生发展个性化和“泛在化”。《教育信息化十年发展规划（2011—2020年）》明确指出，“要为每一名学习者提供个性化学习的信息化环境和服务”。但是“泛在化”学习环境随着“互联网＋教育”变革的推动而出现，使得教育不再受时间和地点的约束，且能够根据学生自身情况进行自我量化、自我管理，开展个性化学习。可以说，信息化的推进为促进学生的个性化发展提供了平台。

2018年4月24日，全国教育信息化工作会议在重庆召开，教育部副部长杜占元做了题为“加快融合创新发展让教育信息化2.0变为现实”的主题报告。本节认为，职业教育信息化在追求理想境界的现实路径中，必须注重四个关键问题，具备四个关键意识：一是规划的科学性。职业教育信息化是一个庞大的系统工程，各地区各学校必须按照教育部的统一部署结合地区实际情况制订科学的发展规划。二是服务的意识性。信息化建设必须围绕服务学校教育教学发展，服务学校治理体制优化，服务学校服务经济社会能力的提升展开。三是建设的动态性。信息技术发展更新迭代周期短频率快，因此，规划和建设必须要具有动态调整的观念。四是建设的开放性。信息化建设必须面对市场，而市场必须是开放的，从教育资源提供者到教育技术供应企业，从管理者到使用者，所有信息化建设中的角色都必须具有开放性意识，打破信息孤岛和技术标准壁垒。而这必须有完善的数字资源版权保护和共享交易机制相配套。

遵循规划、服务、动态、开放四大原则，从战略上围绕“教”“学”“管”实现学校的全面改造，从价值上围绕“资源系统”“学习系统”“学校系统”实现学校的根本建设，从而构建理想境界，以教育信息化支撑引领教育现代化，构建教育强国和人力资源强国。

第三节 职业教育信息化建设

我国现代教育中，职业教育是重要的组成部分，重视建设教育信息化对我国教育向现代化发展起到了很好的助推作用。就目前来看，随着我国网络技术的迅速发展，同时我国也处于信息化、城市化、国际化与工业化的重要发展时期，建设职业教育信息化，不仅是适应社会发展的需求，更是我国实施信息化战略的重要方式，对职业教育由传统模式向信息化模式的跨越起到很大的促进作用，同时也为现代化的发展奠定基础。建设职业教育信息化是促进教育发展的重要措施，有利于提高教学质量，保持教育公平，也有利于贯彻“活到老，学到老”的重要思想，虽然在此方面已经取得了显著的成效，但是也会出现诸多问题。因此，就需要采取相对措施予以解决，从而促进我国教育信息化的发展。

一、我国职业教育信息化的发展现状

（一）我国职业教育信息化的观念还比较薄弱

就目前我国的网络发展来看，我国职业教育信息化的思想尚未成熟，无法适应当今社会的发展，主要表现在如下几方面：

1. 职业教育教师的教育观念深受传统教育模式的影响，对职业教育的信息化建设认识不够，否认职业教育信息化的重要性，也不会对国家的发展产生有利的作用，从而导致一些地方的职业教育出现一系列的问题。例如，投入成本不够、资源流失、教学设备落后等。

2. 职业教育的教师对信息化教育的认识不够深入，而且对信息技术的应用水平也有待提高，从而导致职业教育信息化工作的开展难上加难。

（二）职业教育的师资力量有待壮大

随着职业教育信息化建设工作的开展，相关的教育工作者专业素质缺乏，虽然我国职业教师师资力量雄厚，但是只有极少数的教师掌握了相关的专业知识。例如，对信息的辨别、处理、获取以及加工等专业能力。同时不能对多媒体技术的教学课件加以利用，不会智慧利用传统的教育模式，从而使其综合能力停滞不前。

（三）职业教育信息化的成本不足

随着我国职业教育的模式日益扩大，职业教育的成本已经严重不足，这主要表现在：

1. 不同地域的职业教育发展不同，严重地破坏了其平衡性，特别是一些偏远山区，这些地方的职业教育信息化成本严重不足，导致教育水平不高，严重地影响了教育的发展。

2. 在建设职业教育信息化时，大多数学校的基础设施匮乏，无法开展职业教育信息化的建设工作，不能达到既定的教育目标，对我国职业教育的发展造成了严重的影响。

二、针对我国职业教育信息化建设提出的相关对策

（一）正确地认识职业教育信息化建设的重要性

在开展职业教育工作时，教育信息化的建设至关重要，有利于我国教育向现代化迈进，必须对其加强重视。所以，相关领导必须从科教兴国的角度出发，在提高职业教育地位的前提下，正确认识职业教育对我国经济发展的作用，开展职业教育信息化的工作，有效发挥其在职业教育中的作用，实现职业教育现代化的目标。

（二）提升我国职业教育工作者的专业素质

现如今，要想保证职业教育信息化能够顺利开展，培养能够熟练运用信息技术进行教育工作的人才才是关键，重点培养其对信息技术的创新能力，这就要求教育机构必须提高职业教师的专业素质。只有这样，才能不断转变其教育方式和教学理念，有效地培养学生的专业能力和专业素质，从而促进教育信息化的发展。

面对新时代的挑战，职业院校学生要充分掌握信息技术，并加以运用，作为一名信息教育工作者更是如此，要认真地对学生现状进行分析，采用多种教育方式，引导学生能够自主地学习，提高其教学质量，促进我国职业教育的发展。

第四节　职业教育信息化的必要性与优势

随着社会经济的发展，国家对人才的要求越来越高。不仅要求人才要有较高的综合能力素质，而且要有专业的技术和技能。因此，在当今社会，接受职业教育的学生越来越多。所谓职业教育正是培养专业的职业知识和职业技能的教育形式，包括职业中专，还有职业高中，职业技术学校所教授的都是职业教育。另外，对即将入职的人的职前培训，对下岗职工的再就业培训等也属于职业教育。职业教育为社会培养了不计其数的专业性技术人才。

信息时代的到来，使各领域都逐步实现了信息化发展。在职业教育领域，也逐渐步入了信息化教育时代。职业教育信息化的实现得益于两方面的优势。一方面，是社会趋势所驱动，实现职业教育信息化，是职业教育领域必须走的道路。另一方面，得益于国家政策的大力支持。在“十一五”期间，中央财政共计投入了140亿元资金来发展职业教育，大量的资金支持为职业教育信息化发展提供了基本的物质保障。

时代在不断前进，社会也在不断变化和发展。职业教育是教育领域的重要组成部分，也有越来越多的学生在接受职业教育培训。当然，职业教育的信息化发展具有许多优势，但是与此同时，由于我国职业教育信息化发展的时间较短，因而也存在不少问题。不过，

随着社会经济的发展和科学技术的进步，职业教育信息化发展定会越来越完善。

一、职业信息化的优势

信息时代到来后，我国已逐步实现职业教育的信息化发展。之所以能如此迅速地跟上时代的步伐，乃是因为职业教育信息化确实有许多优势，为培养适应社会发展的人才做了较大的贡献。具体来说，职业教育信息化有三大方面的优势。

首先，调动学生学习的积极性。学生是否热衷于学习和教学内容是否丰富多彩、教学形式是否多样有一定的关系。在传统的职业教育过程中，老师只能依靠课本内容进行知识点的讲解，一方面这种教学形式使学生极其容易对学习产生枯燥乏味感，另一方面也导致学生只能根据老师所讲的内容吸取有限的知识，限制了学生学习内容的广泛性。而实现职业教育信息化之后，师生都可以充分利用网络教学资源，教师可以做出多彩有趣的 PPT，学生可以在网络中查资料以查漏补缺。这就使教学内容和教学形式都丰富起来，从而引起学生学习的好奇心，调动学生学习的积极性。

其次，培养学生学习的自主性。自主能力是个体发展所必备的能力。学生只有具备自主学习能力，才能在学习的道路上通过自身努力掌握更多的知识。在传统的教学模式中，学生只能被动地接受教师所讲的知识内容以及思想观念，这非常不利于学生自主学习能力的发展。反之，实现了职业教育信息化之后，教师可以把课堂交给学生，让学生通过上网的方式找到相关资料，做成课件并在课堂之上分享。这一方面锻炼了学生在公开场合讲课的能力；另一方面，在学生搜集资料的过程中逐渐养成了自主学习能力。

最后，发掘学生学习的创造性。创新乃是当今社会出现频率最高的词汇之一。一个人的创新精神能够让他从万千同龄人中脱颖而出。在传统的教学模式中，学生总是处于被动的地位，非常不利于他们发挥自身的创新创造能力。而实现职业教育的信息化之后，“微课教学法”“翻转课堂教学法”逐渐进入师生的课堂。这些新的教学方式提升了学生在课堂中的主体地位。学生可以自己动手创作教学视频在课堂上分享，这就使学生的创意得到了充分的发挥，使学生的创造性得到了充分的开发。

二、职业信息化的劣势

虽然职业信息化具有很多优势，但是不可否认的是，我国职业教育信息化时间较短，在发展过程中，还存在不少的问题。具体来说，有三大方面的问题。

第一，基础设施条件差。职业教育信息化的实现需要坚实的物质基础保障，需要充足的基础设施建设。但是，在当下，我国许多职业学校的基础设施建设情况还极不乐观。例如，许多学校需要电脑的课程还没有实现一个学生一台电脑，这使学生只能两人甚至多人共同使用一台电脑，大大减少了学生操作电脑的机会。而且许多学校的电子图书馆匮乏，电子图书较少，网站中的教学视频混乱不成体系，不便于学生进行资料查阅。基础设施建设是实现职业教育信息化的基本硬件设施条件，如果基础设施建设不足，则会影响职业教育信息化的实现。因此，为了确保职业教育信息化的速度和质量，必须首先改善基础设施条件。

第二，发展时间较晚，教师缺乏相关技能。我国实现职业教育信息化的目标是近几年才真正确定下来的，因此，起步时间较晚。在这之前，教师就极度缺乏相关知识的培训。例如，许多教师不会操作多媒体，而多媒体则是实现职业教育信息化过程中教师必须掌握的基础技能之一。这就导致许多学校拥有多媒体教室等资源，但是因教师不会使用而被荒废。因此，为了提高我国职业教育信息化的质量，有必要对教师进行专业的技术操作方面的培训，以使教师在职业教育信息化过程中做出更大的贡献。

第三，信息化应用效率不足，新兴教学手段和方法未得到充分利用。在职业教育信息化过程中，要确保高质量的信息化水平，就要使与信息化相关的教学方法和教学手段得到充分的使用。但是在我国当下的职业教育过程中，新兴的教学手段和教学方法都没有得到有效的运用。例如，新兴的"翻转课堂教学法""微课教学法"等，教师学会利用多媒体之后，有的教师只是把课本内容"搬"到了PPT上，或者直接用多媒体播放教学视频，这样的方式也容易导致学生的疲乏情绪，也使新兴的教学方法和手段未发挥应有的价值。因此，确保职业教育信息化的质量，必须确保新兴的教学手段和方法的有效性。

总而言之，教育职业信息化既有优势也有劣势。但是对比优势与劣势可见，职业教育信息化的优势主要在于培养适应社会发展的人才，而其劣势主要是由于发展时间较短，出现了技术操作层面的缺陷。因此，随着科学技术的发展，职业教育信息化过程中也会解决当前所存在的不足与劣势问题，使信息化教育越来越完善。

第五节　职业教育信息化建设的战略转型

职业教育信息化是国家教育信息化发展战略的重要组成部分，它对提高职业院校学生信息化素养、提升职业院校实践教学水平、改善职业院校课堂生态、支撑高素质技术技能型人才培养具有十分重大的意义。同时，需要加快职业教育信息化资源建设，加大信息化技术在教育教学过程中的应用同样是世界职业教育发达国家共同的行动路径。因此，加强我国的职业教育信息化建设进程不仅是提升我国职业教育服务经济社会发展能力的必经之路，更是追赶其他职业教育发达国家的绝佳时机。

一、职业教育信息化建设的逻辑起点

职业教育信息化建设绝不是追随西方职业教育发达国家信息化建设步伐的应时之举，也不是局限于信息化基础设施建设的短期工程，而是提升职业教育国际竞争力、实现职业

教育现代化、改善职业教育课堂生态的战略举措，最终达到通过利用信息技术手段改变从宏观办学模式到微观教学形态的整体改革目标。

（一）提升职业教育国际竞争力，实现“弯道超车”

在信息化时代，信息技术在政治、经济、社会生活以及教育等领域的应用能力与效果是衡量一个国家国际竞争力水平的关键评价指标。西方各发达国家出台了一系列政策、措施来实现其在教育信息化领域的领先地位，内容涉及基础教育、职业教育和高等教育等多个领域的信息化建设。由此可以看出，欧美等职业教育发达国家一直都将提升职业教育的信息化水平作为提升职业教育质量，保持其领先地位的重要措施，其信息化建设不仅在硬件投入方面花费了巨大的资金与精力，其在软件设计、网络平台搭建、教师信息化教学能力提升等多个方面都取得了不俗的成绩，为职业院校教师的教学和学生的学习提供了十分优良的信息化教学环境，极大地提高了职业院校教师的教学效果与学生的学习质量。而我国职业教育信息化的建设无论是在硬件投入还是在软件支持、教师能力、建设机制上都同发达国家职业教育信息化建设水平存在较大的差距。面对来势汹涌的信息化浪潮，职业教育信息化发展战略正是为了能够在吸取各国信息化建设的经验与教训的基础上，脚踏实地，走一条兼具国际水平与中国特色的职业教育信息化发展道路。

（二）完成职业教育现代化，实现“内涵提升”

时下，推进职业教育现代化建设已经成为我国职业教育发展重要的战略目标之一，在这一目标的引导下，我国职业教育发展需要通过不断的变革以迎合当前经济社会发展的需要。由此可见，职业教育现代化建设是一个动态的持续发展过程，其内涵意蕴是随着经济社会发展的变迁而自我演化的，而当前我们所处的时代是一个以信息技术广泛运用为特征的信息化时代，智能化驱动下的数字制造、大数据、“互联网 +”、云制造、3D 打印等这些词汇频繁出现在政府的工作报告与人们的日常生活中，都意味着一种新的生产模式、工作方式正在快速地向社会生活的每个角落逼近与渗透。面对扑面而来的信息化浪潮，迎接新时代的挑战已经成为政府、企业、学校与个人都不得不承受的历史重担，信息化理应成为现代化的应有之义。对于职业教育而言，如何应对信息化的挑战，培养在信息化时代浪潮中“冲浪的职业新人”，实现新时代“职业人”的现代化是历史赋予职业教育的新使命。职业教育现代化作为一个随着时代背景而不断动态演化的历程，在信息化浪潮的不断冲击下，其内涵意蕴、功能发挥、实现路径都必然发生深刻的变革，将迎来新一轮的深化与发展。只有当职业教育改革使其具备了信息化时代的基本特征时，才表明其完成了现代化的深化，才意味着其实现了从工业时代到信息时代的转型。因此，职业教育信息化发展战略正是基于职业教育现代化目标的理性诉求与实现前提。

（三）改善职业教育课堂生态，实现“高效课堂”

改善职业院校课堂教学效果一直是我国职业教育课程与教学改革的出发点与落脚点，然而经过不同课程改革理念与模式的轮番洗礼之后，不能说课堂教学成效没有发生一点变化，但其实际成效离课程理论家与企业、社会的预期仍然存在不小的差距，造成这一结果既有学生自身学习基础与态度习惯的主观因素，也有课程体系设置与课堂教学模式不能契合学生需求，理论与实践教学“两张皮”的客观现实，两种因素的互相叠加又进一步降低了课堂教学的实际成效。解决这一问题可以从以下两个方面入手：一是提高生源质量，但在职业院校生源危机的大背景下，这几无可能；二是改革课堂教学模式，通过校企合作实现理论与实践教学的紧密结合，但由于文化观念与自由劳动市场存在“挖人外部性”的风险，企业普遍不愿参与到校企合作之中。两条改革的道路都日趋逼仄，而职业教育信息化则为我们提供了解决这一问题的第三条路径，即通过在职业教育课堂教学、学生学习、评价管理、实习实训等一系列领域运用信息技术手段来促进课堂教学的改革，改变当前的职业教育教学形态，形成一种教育与技术相辅相成的课堂新生态。

二、职业教育信息化建设的歧途

职业教育信息化建设不仅是职业教育某一方面的局部变革，还涉及办学理念、模式与课程教学体系、学生管理方式等多个领域的综合改革，这既意味着变革的艰巨性，也意味着变革的复杂性。当下，正是由于对信息化在职业教育改革中地位认知的偏差以及对其战略地位的轻视，导致我国职业教育信息化建设误入歧途，偏离了预期的轨道。

（一）在职业教育信息化建设理念上，重“硬”轻“软”

职业教育信息化建设理念是在进行具体的信息化建设规划、实施之前，对何谓职业教育信息化、信息化建设的内容、路径、评价监督等一系列问题的整体思考与规划，不仅决定了信息化建设的方向，也将直接决定信息化建设的具体路径，对职业教育信息化建设的成败起到了至关重要的作用。通过对当前我国职业教育信息化建设现状的整体审视，可以发现，由于对职业教育信息化内涵认知的理念偏差，造成在实践层面上职业教育信息化建设走向了重“硬”轻“软”的歧途。重“硬”表现为广大职业院校普遍将网络平台建设、多媒体教室等物质资源建设作为信息化建设的重点，并将其作为评判信息化建设质量优劣的关键指标，而普遍忽视了信息化“软”层面的规划与建设。然而，职业教育信息化的完整内涵不仅包括物质层面的信息化资源与环境建设，还包括应用开发、队伍建设、标准制定、效益评估等多个层面。

通过对实然现状的总结概括，其轻“软”具体可概括为三个层面：一是职业教育信息化建设普遍忽视了软件资源的开发与应用，导致信息化资源的利用效率十分低下，教师和学生都难以体验到信息化技术的应用对职业院校课堂教学带来的改变；二是片面地认为职业教育信息化就是要实现教育手段、教育过程的信息化，而忽视了管理者的信息技术领导力、教师的信息技术应用力的提高，导致职业院校领导者不具备对其学校信息化建设进行整体规划与设计的能力，教师不能够将信息技术与自身的教学实践进行紧密融合，最终造成信息技术应用水平低，信息化资源成了“摆设”；三是忽视了教学理念与模式的变革是实现职业教育信息化的重要前提，职业教育信息化应该是器物、制度和观念的整体转型，如果职业教育信息化停留在用信息化的“新瓶”装传统学科教学理念与模式的“老酒”，只能是事倍功半。因此，“对于教育信息化的变革，既要重视新的教学手段对传统教学理念与行为的挑战，也应意识到新技术可能会成为维持传统教学理念与行为的帮凶，使技术手段的使用不仅没能改变当前低效、无趣的课堂环境，还反受其害，成为传统教育理念的帮凶”。

（二）在职业教育信息化建设规划上，重“技”轻“教”

当信息技术介入原本由职业院校教师、学生和学习内容三要素组成的教学过程后，其必然会引起学生学习内容、知识呈现的结构顺序、教师的教学策略以及师生关系、生生关系的深刻变化。然而，这一变化既可以达到激发学生学习积极性、提高课堂效率、增进师生互动的效果，也可能会造成学习过程机械化、知识内容碎片化、师生互动浅表化的后果，造成两种结果截然相反的原因只有一个，即“教育”与“技术”是否实现了充分的融合，信息化教学设施的建设、软件资源的开发、资源的使用是否是在基于学生学习规律、课堂教学规律、知识传递规律的基础上进行规划建设的，其规划方案是否又经过技术开发专家、职业教育技术研究者和职业教育实践专家多元视角审视后的严谨论证后做出的。

然而，通过对当前我国职业教育信息化建设现状的考察，技术中心主义已经或明或暗地成了当前职业教育信息化建设规划上的“指南针”，教师的诉求、学生的需要则由于现有建设机制的原因，难以获得即时的反馈来影响职业教育信息化建设的方向和原则。例如，在当前我国职业教育信息化建设中，掀起了一股“慕课”“微课”“翻转课堂”所谓的课堂“革命”，为了能够在这次浪潮中拔得头筹，职业院校投入了大批的资源，教师也将极大的心血投入这场“运动”之中，“慕课”制作的数量成了衡量一个专业、一所职业学校信息化建设水平的关键指标，但其是否能够契合职业教育特有的教学规律，是否能够符合学生学习的需求，是否能够获得教师的认可与接受并没有获得足够的关注。工具理性在信息化建设中已经占据了绝对的主导地位，但使用信息化工具的教师与学生的主体性则意外“旁落”。职业院校“慕课”资源的开发主要是由教育技术研究人员和相关企业发起的，职业教育研究人员、相关教师却由于自身对于技术缺乏了解，较少主动参与“慕课”资源的开发工作，这是一种典型的技术中心开发模式。然而，职业教育教学有其独特的逻辑规律，强调理实一体、工学结合，“慕课”作为一种改进了的网络课程，无论在技术上如何改进，本质上它也只是一种信息传播手段，不可能完全代替当前理实一体的主流课堂教学模式，其功能特性决定了其只能作为一种必要的补充。因此，只问技术，无视教育的质性分析和学生学习的规律，为慕课而慕课，生硬地将一切教育活动转化为慕课资源，不计教育效果，是一种舍本逐末之举，偏离了信息化在职业教育改革中的预设定位。

（三）在职业教育信息化建设路径上，重“上”轻“下”

在《教育信息化发展十年规划（2011—2020 年）》中，明确提出了我国教育信息化建设应该“以‘应用驱动、共建共享’为基本原则，以人才培养、教育改革和发展需求为导向，开发优质的数字教育资源，构建信息化学习和教学环境，建立政府引导、多方参与、共建共享的合作开发机制”。其中，明确指出了在信息化建设中，政府应该发挥引导、推动的功能作用，职业院校自身的需求与规划则居于主导地位，即政府应该为职业院校信息化建设提供物质、资金、政策、标准等多方面的支持，而不应该采用“一竿子捅到底”的直接管理模式，干预职业院校信息化建设的内容和方向。然而，当前我国职业教育信息化的建设路径实质上已经走向了以“政府主导为主，职业院校次之，教师与学生最末”的信息化建设路径，政府在信息化建设的内容、标准、方向上握有绝对的话语权，而真正使用信息化资源的教师与学生的需求则难以在信息化建设中得到体现。如当前中等职业教育领域普遍推行的示范校建设，普遍采取专项资金投入的方式推动职业院校信息化建设。然而职业教育信息化建设不同于工程项目建设，这一项目式的投入模式普遍要求学校和教师在限定时间内将投入资金使用完毕，而且一旦项目申报方案做出后就很难在建设过程中进行修改和更正。这表明信息化建设的项目投入模式仍然是以“政府意志”为主导，然而政府对于政绩的过度追求往往会要求职业院校“快”出成果，而不是出“好”成果。因此，尽管通过项目建设，职业院校信息化硬件设施有了质的提升，但这一投入方式完全忽视了信息化建设是一个长期的过程，短期的快速投入尽管能够较快地提升职业院校信息化的物质条件，却并不能直接推动职业院校信息化改革进程的深化，反而可能由于建设的急功近利，造成资源设备的浪费，难以发挥信息化提升在促进教育改革中的应有作用。

（四）在职业教育信息化建设评价上，重“外”轻“内”

对职业教育信息化建设进行评价有利于辨别信息化建设中出现的问题，有利于对现行的信息化政策和职业院校的信息化建设举措进行重新调整，从而进一步促进职业教育信息化建设的发展速度，提高发展效益。从国外职业教育信息化评价的基本经验来看，对职业教育信息化进行评价应该坚持“内外结合，以内为主”的评价原则，即职业院校信息化水平建设的优劣应该以职业院校自身基于教师与学生对信息化资源的应用效果为评价依据，并依此作为调整信息化建设路径的基本依据，将政府部门以及其他第三方机构的外部评价作为改进职业院校信息化建设的重要补充。然而，现实情况却是政府掌握着对职业院校信息化建设评价的“一票否决权”，职业院校的教师和学生作为信息化资源的直接受益者却难以通过制度化、规范化的途径表达自身的诉求，也很难改变学校信息化建设的方向。

在当前中等职业院校示范校建设中，职业院校信息化建设是示范校中十分重要的组成部分，而对信息化建设的评价却往往将信息化资源建设的增量、教师在信息化教学大赛中的获奖情况作为评价其优劣的基本标准，而普遍忽视了将教师和学生对信息化资源使用的满意程度作为评价依据，造成职业院校将资源过多地投入硬件资源的建设和教师信息化大赛等荣誉争夺上，忽视了信息化软件资源的建设和提高学生和教师信息化资源使用的效果作为评价信息化建设优劣的重要标准。为了能够应付政府组织的检查，职业院校普遍在示范校建设报告中夸大其词、炮制数据，盲目夸大自身在信息化建设中取得的成就，这样做不仅造成了资源投入的极大浪费，更是耗费了职业院校教师在编写信息化建设的案例与总结报告上的大量精力，而造成这一局面的很大原因就是政府的外部评价在很大程度上干扰了职业院校在信息化建设中的心态，把信息化建设当成了硬性摊派的任务，而不是促进学校改革的契机。

（五）在职业教育信息化建设布局上，重“东”轻“西”

职业教育信息化建设是促进职业教育区域均衡发展，弥补区域间、城乡之间数字鸿沟的重要途径，通过职业教育信息化建设，能够以较低的成本，将优质的数字教育资源快速便捷地向农村和西部地区进行扩散传播，较快地实现教育资源的共享，辅之以相应的管理措施和支持手段，可以较快地实现资源在不同区域和农村地区的传播。因此，加强职业教育信息化建设是打破当前我国职业教育区域间发展水平不均衡的重要手段，不仅可以实现职业教育优质数字教学资源在不同区域的共享，欠发达地区职业院校也可以通过信息化手段解决学生“实习难”的困境，缩小与东部地区职业院校办学水平的差距。然而，尽管从整体上来看，我国职业教育信息化建设水平实现了跨越式的发展，但东中西地区职业院校仍然存在着较大的“数字鸿沟”，而且仍有进一步扩大的趋势。以 2014 年中等职业院校生均教学用计算机数作为衡量中东西部地区职业院校信息化建设的水平，则可以很明显地感受到不同区域间职业教育信息化水平的巨大差距。

三、职业教育信息化建设的战略转型

针对当前我国职业教育信息化建设的“误入歧途”，需要在对原先发展战略进行审视反思的基础上，重新就我国职业教育信息化发展的方向与路径进行战略定位，打破传统既有利益格局，通过顶层设计、制度重构等途径，激发信息化建设参与各方的主动性，从而打破现实瓶颈，实现职业教育信息化建设的“再出发”。

（一）加强职业教育信息化建设的顶层设计，实现信息化建设资源的高效统筹

职业教育信息化建设是由多个利益相关主体参与的事业，政府、企业、职业学校、教师、学生都是职业教育信息化建设重要的利益攸关方，尽管参与各方在主观意愿上都希望职业教育信息化建设能够稳步推进，实现各方利益的最大化，但在具体实施过程中，由于各方主体基于自身利益考虑所做出的决策与行为并不能够在任何时间、地点都能实现意见统一，这就不可避免地会发生由于利益诉求不一致而产生合作关系的紧张甚至破裂，无论哪种情况的出现都会阻碍职业教育信息化建设战略的顺利推进，有限资源无法得到充分调动。因此，作为职业教育信息化建设的整体推动者与建设者，作为公共利益代表的政府应该从顶层设计出发，通过政策出台、标准制订、拨款引导等多种手段协调不同利益主体在职业教育信息化建设中的利益矛盾与冲突，通过建立公平、合理的利益分配机制，实现各方在推动职业教育信息化建设上的主动性与积极性，最终形成“政府政策支持、企业参与

建设、学校自主选择”的信息化建设格局。

基于对当前我国职业教育信息化建设格局的把握和对未来信息化建设方向的考量，政府应该着重从以下几个方面做好顶层设计工作。第一，完善职业教育信息化建设的多元经费投入机制。各级政府应该将职业教育信息化建设列入其重要的财政支出项目，形成稳定的财政资金投入渠道，同时通过多种途径吸引企业、行业的积极参与，最终形成以政府财政投入为主、行业企业积极投入、社会各界积极支持的多元投入渠道。第二，完善政府部门在信息化建设中的“协同推进”组织管理机制。建立各级职业教育信息化领导机构，从信息化推进的组织管理上，统筹协调各部门之间的职能交叉问题，协调各部门在信息化建设上的职能责任，统一制订职业教育信息化建设的目标任务、战略重点和推进措施等规划方案，并建立相应的问责监督机制。第三，完善职业教育信息化建设的标准制订工作。为了有效避免职业院校在信息化建设上的随意性、盲目性而造成人力、物力、财力的浪费，政府部门应该结合相关科研机构制订明确的，具有重要导向性的，针对不同层次职业院校和不同专业类型的区域职业教育信息化建设标准，由于标准不统一，已经造成职业院校信息化资源投入的极大浪费，这已成为推动职业教育信息化建设的当务之急。

（二）完善职业教育信息化人才评价机制，实现信息化队伍素养提升

职业教育信息化建设战略目标的达成必须要有一支高素质的职业教育信息化队伍为支撑，但这恰恰是阻碍我国职业教育信息化深化发展的最大软肋。因为职业教育信息化建设是器物、制度、观念的整体变革，尤其是运用信息技术手段来实现学校管理、教学变革的管理者和教师更应该首先在观念和自身信息化素养上实现转变，否则最终只会造成管理者和教师成为信息技术的客体，只是信息技术手段的附庸，而不是主动地、创造性地将信息技术同学校管理和教学过程进行有机的结合，最终达到变革学校管理模式与课堂教学生态的目标。

然而，通过对当前职业院校信息化队伍建设现状的分析，无论是职业院校教师的信息技术应用能力还是信息化管理队伍的支撑力都难以满足当前职业教育信息化变革的需要。在我国部分职业院校甚至没有设置专门的信息化管理专业人员，常常都是由计算机教师来兼任，人才队伍建设的滞后已经成为阻碍职业教育信息化发展的关键瓶颈。因此，通过制度建设为职业院校信息化队伍建设创造良好的发展环境，并建立相应的激励奖惩机制来激发其自身信息化素养开发的主动性就显得尤为必要。

应根据职业教育信息化发展的特点和要求，结合不同类型教师的发展需要，将信息技术手段的教学应用能力作为职业院校教师专业能力标准的重要内容，并将其作为教师聘任、考核、晋升的重要依据，从而保障信息技术应用能力成为每一名职业院校教师的基本素养。同时，重视信息化管理人员在实现职业教育信息化战略目标中的重要地位，通过采用对在岗管理人员培训和补充信息化专业人才相结合的方式，提升信息化管理队伍的专业知识和技术服务水平，并解决好信息化管理、建设和支持服务人员的待遇、职称晋升等问题，为其提供职业生涯向上发展的通道，激发其在信息化建设的发展规划、资源系统开发、安全

维护等方面的作用，确保职业院校信息化的运行能够稳定、高效。

（三）重构职业教育信息化建设的绩效评价体系，实现教育与技术的深度融合

职业教育信息化建设的绩效评价是为了在信息化发展战略的指引之下，对职业教育信息化目标的达成度、教育资源配置的均衡性、教育与技术的融合度、教师对信息化技术的应用力、学生对信息化教学的满意程度等建设内容进行综合评价，试图通过对当前发展现状的审视，找到阻碍职业教育信息化战略目标达成的关键瓶颈，并对症下药提出改进措施，促进职业教育信息化建设的深化发展。前文述及，当前我国职业教育信息化评价机制过于注重政府的主导地位，作为信息化建设直接使用者的教师和学生却很少有制度化的渠道来反映自身的诉求，影响信息化建设的方向与内容，造成信息化资源的开发和建设成为应付政府检查的“面子工程”，而大量人力与物力的投入最终换来的却是“花架子”，难以发挥其在改革课堂生态、重塑学生学习行为的功效。因此，构建一个由多元主体参与、客观、公正的信息化建设绩效评价体系已经日益成为促进职业教育信息化健康可持续发展的重要抓手。基于对当前评价机制弊端的分析，未来我国职业教育信息化建设的绩效评价体系建设应重点从评价主体、评价指标、评价手段三个方面入手。首先，就评价主体而言，应该进一步提升职业院校自身在信息化评价中的主导地位，而政府的外部评价应该发挥其“诊断”和“开方”功效，不应该“喧宾夺主”，替代职业院校的自主评价，这是由于职业院校的教师、学生才是信息化建设的直接利益相关者，政府组织的专家评审只是“委托主体”，如果其“越俎代庖”，只会造成职业院校为了应付评估而不得不弄虚作假。其次，在评价指标体系的构建上，应该将信息化技术的应用作为重点考察的内容，因为信息化教育技术只有真正地运用到教师的“教”和学生的“学”中，才会真正地实现改革课堂教学模式的功效，如果仍然把评估重点放在信息化教学设施、数字教学资源规模的建设上，将很有可能导致教育与技术的融合渐行渐远。最后，职业教育信息化绩效评价手段的选择应该坚持以教育活动现场“第一手”资料为评价依据，这是为了保障评价结果的客观、可靠，也是为了确保评价结果不受任何利益相关方主观期待的干扰，确保评价结果能够真实反映职业院校信息化教学的真实水平，所开出的“药方”能够达到“治病救人”的功效，而不是做一些表面文章。

（四）建立区域职业教育信息化资源共享交流机制，实现优质信息化资源区域间共创共享

教育公平问题现如今是一个全球关注的问题，而与国计民生直接相关的职业教育公平对于促进整个社会的公平和谐而言又起到了举足轻重的作用，但当前我国职业教育发展却面临着区域之间、城乡之间资源分配不均、差距日益扩大的现实。而具有开放性、交互性和远距离传输特征的信息技术的快速普及则可以通过实现区域职业教育优质数字资源的共享来逐渐缩小日益扩大的差距，让中西部地区和农村偏远地区职业院校学生同样享受到东

部发达地区优质的职业教育资源，促进其办学水平的提升。因此，针对当前我国职业信息化资源区域配置日益不均的现实，政府应该发挥其在促进教育公平上的主导地位，通过标准制订、平台搭建等措施促进职业教育信息化资源能够在东西部、城乡之间自由流通，使之成为弥合区域之间、城乡之间资源分配差距的“调节器”。为了实现上述目标，政府部门应该发挥其在实现区域职业教育信息化均衡发展中的主导地位，统筹规划优质数字教学资源的共建共享，对整个共建共享工作进行统一规划、统一标准、统一管理，通过建立合理的利益分配机制，调动职业院校、企业参与优质数字教学资源建设的积极性与主动性，坚持始终以“应用为先”为标准做好优质数字资源的筛选工作，提高资源的实用性、可获取性，并建立以用户使用满意度为核心的绩效评价机制。除了网络数字教学资源平台建设外，信息化技术手段还可以通过多种途径来促进区域间优质职业教育资源的共享，甚至包括优质教师资源的区域间共享。例如，可以通过开展“异地网络支教”“异地网络教研活动”等形式实现优秀教师“足不出户”就可以开展支教工作，不仅大大降低了支教成本，还极大地提高了其覆盖范围。总而言之，信息技术的飞速发展既有可能造成区域间“信息鸿沟”的加剧，也有可能为实现区域职业教育资源的均衡发展提供契机，而到底“硬币朝向哪一面”，则完全取决于政府对职业教育信息化发展的战略定位。

第六节　基于云计算的职业教育信息化建设

随着我国信息化技术的不断发展，目前在我国社会建设过程中，信息化成了必不可少的重要组成部分，高校在进行信息化管理建设的过程中，需要结合当前网络发展的必然需求，借助多媒体等信息技术做好大数据的流量挖掘，助力信息数据管理工作向着数字化发展。本文将对此进行探讨和研究。

云计算从本质上讲是一种按照量计算的付费模式，该付费模式的广泛应用，能够为网络访问提供便利性，满足学生的发展需求，相关产品的购买者需要经过计算机资源进行商品选择，一般情况下，都是借助网络储存器、服务器等信息服务平台从资源共享池里主动挑选资源，整个购买过程不需要经过系统化的管理工作开展，只需要与服务供应商进行短暂的交流，就能够实现商品交互。由此可知，云计算这一应用理念的出现，不仅全面提高了我国网络的可用性，还优化了传统的信息管理技术，以下对其在高校信息化建设中的应用进行探讨。

一、云计算视角下高校信息化建设的重要性

（一）信息化建设的重要性

信息化建设是我国高校教学质量提高的重要内容，首先，教育人员需要明确信息化建

设是一项长期性的工作，一个学校信息化建设质量的高低，会直接影响学校在社会中所处的地位和形象，信息化所具有的便利性，使其在我国的各个领域都得到了广泛应用，教育事业也不例外。随着网上资源的不断丰富，信息化已经成为继报纸、广播和电视之后的第四大信息传输媒体，当代学生大多数都愿意在网上发布相关信息，并通过网络熟悉身边的事物。学校为了更好地借助网络对学生实施素质教育，开始加大校园网络建设投资力度，改善传统的信息化建设环境，但是在网络信息资源建设的过程中，并没有紧跟信息化基础设施建设的步伐，这就需要高校重新规划原有的信息化管理制度，不断丰富校园网络所具有的信息资源。在高校校园内进行信息化建设，目的是为了更好地为师生提供服务，全面提高高校的社会地位。因此，在信息化建设开展的过程中，需要最大限度地调动网络信息资源，全面提高教学质量，做好教学资源和智力资源的传播，为更多学生接受知识和信息提供机会，创造一个良好的学习环境，让高校教育工作变得更加大众化和民主化，为社会培养出更多信息技术教育的专业人才。

（二）混合云计算模式应用意义

在进行信息化建设的过程中，很多高校都通过混合云计算模式，有效减少建设工作开展过程中资金的投入，混合云计算模式下的高校信息化教育，能够全面提高学校资源的信息利用率，保证信息共享。混合云计算的应用，能够让众多信息资源存放到云上，师生能够结合自身的发展需要，通过云客户端进行信息资源的查找和访问，全面提高信息资源的利用率，减少基础设施后续的保养和维护费用。

二、云计算视角下高校信息化建设

（一）网络环境中的云计算

高校在进行信息化环境的构建过程中，需要以云计算为主要依据，为当前高校信息系统中的网络用户，实现网络资源的动态化分配，分配的主要内容有硬件、服务器、软件等。通过云计算定期对网站上的资源进行更新和维护，同时，在校园网络建设的过程中，可以让学生和教师通过服务的动态化申请，争取得到网络硬件和信息资源的使用权和访问权。高校网络中所采用的云计算，大多数都是私有云计算，针对学校当前的内部用户信息开展服务，不为校外用户提供网络服务，在当前我国的校园网络建设开展的过程中，大多数都会采用私有云技术，探讨校园网络中存在的信息资源和数据所具有的集中性特点，结合当前的网络硬软件资源，构建私有云，从而全面降低校园服务的成本。

（二）建立云学习平台

云计算是近年来随着我国信息技术不断发展所创造的一个全新教育领域，具有便捷性和趣味性，能够吸引学生的目光。因此，高校的教育工作者需要紧抓这一机遇，在校园网站中成立云学习服务平台，让学生可以通过云学习服务平台进行学习交流，教师也能够在这一平台上向学生不定期地公布教学任务，跟踪学生的学习动态。在教学开展前，教师可以将教学的重点和上课的时间，通过云服务平台进行公布，在教学结束后，教师要向学生公布考试的时间和课后的复习任务，除这些内容以外，教师还可以通过云服务平台发布视频教学，学生在自学过程中遇到困难时，也能够通过平台向教师提出问题，让教师在线帮助学生学习。通过云服务平台的建立，师生之间能够跨越时间和空间的限制，随时进行相互学习和交流，从而全面提高当前我国高校的教学效率，激发学生的学习兴趣。云计算最为强大的功能就是能够将众多的教学资源整合在一起，然后通过虚拟化的建设形式，为学生和教师提供信息服务，高校在支付云计算的相应费用之后，学生和教师就能够通过用户登录的形式，免费地应用云计算中所储存的教学资源，减少在设备上的投资。同时，高校还可以结合自身的校园发展需求，从云计算资源库中获取相应的服务内容，有效降低教育成本，全面提高高校的校园管理质量。

三、混合云计算模式在信息化建设中的应用

（一）信息资源建设

通过混合云计算模式的有效应用，能够在高校建立信息化电子图书馆、科研教育基地、政务信息处理体系等。当前，我国高校在进行相关部门机构的信息资源储存过程中，存在数据分散的问题，师生想要通过信息系统进行教学资源的查询，就需要分别输入不同的检索条件，这种信息查询形式降低了查询效率。

（二）信息应用系统建设

信息应用系统建设，需要结合相应的信息化发展标准，通过混合云计算的模式进行建立。因此，高校需要在应用系统建设开展之前，对当前学校所拥有的私有云和公有云具有的信息化发展标准进行统一的管理和规范，结合当前学校的实际发展情况，成立科学化的应用标准，对师生的使用情况进行监督，保证信息化应用系统建立的有效性。

随着信息化技术应用有效性的不断提升，高校越来越注重信息化建设工作的开展。混合云计算技术在高校信息化建设中的有效应用，不仅加深了原有的研究程度，还全面促进了我国信息化建设速度的提高。当前我国高校在网络建设工作开展的过程中，多种类型的计算机技术得到了应用，如网络硬盘备份、虚拟储存等，这些新兴技术的使用，并没有满足我国高校信息化发展的根本要求。其需要通过优秀的网络数据共享模式，构建一个良好的网络环境，为数据资源的访问和读取提供便利。

第七节　基于慕课教育的现代职业教育信息化

随着社会经济及信息技术的不断进步发展，教育领域的改革创新成为社会发展的重点

项目。职业教育作为我国教育体系中的重要组成部分，其现代化与信息化改革成为教学改革的重点内容，慕课教育对职业教育教学改革有着重要意义，能够有效地提高学习者的学习热情和兴趣，并切实提高职业教育的教学效率和质量，从而为社会的发展培养出更多具有专业素养的技术型人才。

职业教育信息化的实质是职业教育中课程及教学方式的信息化改革与创新发展，将信息技术与教学活动进行结合。随着互联网的普及发展，信息技术已经对人们的生活学习产生了深刻的影响，其中在教学领域主要包括三个教学环节以及五个方面的教学内容。三个教学环节分别指课程设计、课程选择以及课程评价，五个方面的教学内容是指课程目标、课程内容、教学环节、课程评价和最终考核。将信息化的技术与教学理念引入职业教育是实现职业教育深化改革的重要途径，或者称为教育系统的结构性改革。职业教育的结构性改革以信息技术和教学活动深度融合为主要目标，并通过创新发展的教学环节培养学生的岗位专业度以及信息技术职业能力。例如，在职业教育中可融入计算机技术、通信技术、激光技术、光导技术和人工智能技术等具有现代化和信息化的教学内容。

随着信息化时代的到来，社会的发展对专业技术人员的素质要求越来越高，现代职业教育的信息化发展具有三方面的特点，即跨界性、经验性以及技术性。首先职业教育课程的跨界性是指在现代化的职业教育中学校应与企业进行合作，充分利用企业中的先进信息技术与生产岗位，提高学生的实践能力与专业素质。其次，职业教育课程的经验性是指通过为学生创建良好的教学环境，促进学习者的个体感官积累经验，如建立实训教室或一体化教室等，其中也包括线上学习方式。最后是教育课程的技术化，教育的核心就是技术教育，因此在职业教育与信息教育相结合的过程中应将信息技术与工业技术进行结合，从而实现两种技术的相互联系和促进，切实提高学习者的专业性和操作能力。

一、基于慕课教育的现代职业教育信息化的重要性

（一）有利于培养专业人才

慕课教育平台学习方式能够充分发挥学生在学习中的主体地位，并且满足学生个性化和多样化的学习需求。首先，将慕课教育与职业教育相结合是学习国际信息化教学的方法经验的重要过程，并且能够有效地提升教学效率，培养学生的学习能力和专业技能。其次，慕课教育平台具有开放性和多样性的特点，能够有效地实现教育资源共享，帮助学生进行全面多样的知识和技能学习，提高职业教育质量并加强职业教育的针对性。最后，慕课教育平台能够有效促进师生之间和生生之间的合作交流，有利于增进师生之间的感情并增强学生的创造和创新能力。生生之间通过慕课教育进行合作交流将实现不同学习个体之间的取长补短，不仅能够提升个人能力还能完善学生的学习成果。

（二）有利于促进教育公平

由于地域、经济发展等多方面原因，导致我国教学资源分配严重不均衡，将慕课教育

与现代职业教育相结合，将有利于教育公平的实现。慕课教育具有现代化和信息化的特点，学生在慕课平台中学习时将会打破时间和空间的限制，并且能够学习一些名校名师的课程。随着互联网的不断发展，信息技术与教育事业的结合使职业学者能够随时随地进行学习，并且对教学资源的有效整合是提高教学效率的重要途径。职业教育信息化的实现过程能够打破实践与空间对学习者的限制，从而实现教育公平以及社会公平，促进学习氛围的形成。

（三）有利于实现教育改革

慕课教育与职业教育的结合将有利于推动教育事业的改革发展，实现职业教育的信息化和现代化。首先，慕课教育是职业教育形式的创新发展，能够帮助学生丰富学习内容、拓宽学习渠道。在传统的教育模式中，以教师讲课为主的教学方式，严重限制了学生主观能动性的发挥，也使学生失去了学习的兴趣和自主性。将慕课教育与教学实践活动结合后，学生的学习方式更加多样化，并且不再受时间和空间的限制，能够培养学生的学习热情和自主学习意识。慕课教育坚持发挥学生的学习主体地位，并通过在线教学提高职业教学的专业性，使学生的技术性有信息化教学设备的支持，整合各种专业教学资源，使职业学习者有更多的学习选择。

二、基于慕课教育的现代职业教育信息化的实践路径

（一）通过慕课教育构建在线教学平台

在线教学平台是一种基于互联网进行的新型学习行为，借助网络平台学生可以随时随地进行学习，并且学习内容丰富多样。职业教育实现信息化和现代化创新改革的重要途径之一就是创建在线学习平台，使学生的学习更加自主化和个性化，其中慕课教育可以作为构建职业教育的学习平台。首先，职业学校可构建慕课教育在线学习平台，教师可将重点难点知识制作成小视频的形式上传至慕课教育供学生学习。学生通过慕课教育可以轻松找到自己需要的学习内容，进行自主化和个性化的学习，并且视频具有简短精练的特点，因此适合学生课前预习和课后复习。其次，慕课教育还包含其他名家讲师的教学视频，能够丰富学生的学习内容。并且慕课教育是一种可移动的学习方式，使学生的学习不再受时间和空间的限制，能够有效地提高学生的学习热情和主动性，是实现职业教育现代化以及信息化的重要途径。

（二）结合慕课教育实行混合教学模式

混合学习方式是指将网络在线学习与传统的课堂教学相结合的一种学习方式，是构建有效课堂的重要途径，可以切实提高课堂的教学效果。例如，在职业教育中的导游基础知识课，在传统的教学中，由于教学设备的限制学生只能在教师的指引下对教材中的景点图片进行想象，然后描述这个景点内部和外部的样子与结构。而基于慕课教育能够实现职业教育的信息化发展，并通过混合教学的实施改变传统教育的局限性。将多媒体技术引入课

堂教学，在导游基础知识课堂上，教师可将旅游景点通过三维动画展示，使学生对旅游景点的认识更加生动形象，从而拓宽学生的旅游知识储备量以及表述能力。

（三）利用慕课教育完善教学评价体系

教学评价是职业教育的重要环节，是对教学实施过程进行的一种评价，其中包括教师和学生两个主体。实现现代化和信息化的职业教育需由单一的评价方式向具有全面性的评价方式转变，从而将职业教学中学生信息化学习的技能与成绩相结合，并对职业教育信息化中教师和学生的实践能力提升进行评价。首先，通过职业院校构建学生在线学习平台，将学生在线学习成绩计入最终教学评价中，促进学生重视在线学习，提高其自主学习能力。其次，通过慕课教育可以实现信息化的教学评价，慕课教育通过学生的学习情况以及课后评价使教师的教学有效性、趣味性及实时性都有全面的评价，从而使对于教师的教学评价更加准确真实。在职业教育中，教学评价的信息化和专业化发展是实现教育现代化改革的重要内容，并且能促进教师信息化教学能力的提升，并培养学生自主学习的意识。因此，基于慕课教育完善职业教育的信息化教学评价体系尤为重要，能够促进职业教育中师生的个体发展，并进行信息化和动态化的评价。

将信息化技术与职业教育相结合，将促进我国现代职业教育的信息化发展，从而实现课程的结构性改革，切实提高教学的效率和水平。慕课教育平台具有开放性和多样性的特点，将慕课教育融入现代职业教育中，是实现教育资源共享的重要途径，能够有效地提高学生的学习热情和主动性，从而为社会发展培养更多具有专业素质的综合型人才。

第五章　现代职业教育理论高质量发展的实践应用研究

第一节　职业教育理论教学的实践功能化

一、职业教育理论教学的实践功能化之内涵

何谓功能和功能化？“功能”，等同于功用、用途、功效之意，就是事物或方法所发挥的有利的作用；“化”，在这里是后缀。加在名词或形容词之后构成动词，表示转变成某种性质或状态。所谓“功能化”，笔者认为综合“功能”与“化”的内涵，就是指事物或方法能够发挥的有利作用的实现化，或曰事物或方法转变成其能够发挥的有利作用的实现状态。对于“功能化”的理解，也可以从“去功能化”来反向理解。“去功能化”被国家语言资源监测与研究中心称为2007年新词语，“是六方会谈专门针对朝鲜核问题创造出的一个新术语，意为除去核设施具备的基本功能，使之不能发挥作用”显然，“去功能化”就其语言一般使用意义上的内涵是事物的基本功能不发挥作用；与之相对应，“功能化”简单地讲，可以理解为使事物的基本功能发挥作用，与前面的综合理解是一致的。

何谓教育的功能及其功能化？《学记》开篇第一段就指明了教育的功能：“君子如欲化民成俗，其必由学乎！”意即君子如要教化百姓，形成良好风俗，必须重视设学施教。可见，当时对教育的认识就已经从单个人和全社会两个角度做出思考，并分别得出了具有“化民”和“成俗”之功能的结论。归纳现代教育的功能，应从个体领域和社会领域等诸多视角加以审视，总地来讲教育具有促进人的发展以及提高民族素质、宣扬政治主张、促进经济发展、传播文化文明、推动社会进步等正向功能，当然理论上也包括一些负向功能。这些功能的实现就是教育的功能化，当然这里功能化问题指的是正向功能的实现问题。因为只有正向功能的实现才是我们所期待的，对于负向功能的实现问题，一定意义上讲恰恰是正向功能实现的消解与阻却，是我们所力图避免的，不在本节功能化问题研究的范畴之内，这也符合现代汉语词典在“推广普通话、促进汉语规范化服务”意义上，对于“功能”取其“有利的作用”这一惯常基本解释的内在精神。

何谓职业教育理论教学的功能化及其实践功能化？职业教育理论教学的功能化，简言之，就是职业教育理论教学之功能的实现化。结合职业教育的实践性特征鲜明的独特性内涵，应当多方面、多角度理解职业教育的功能和属性问题，继而理解职业教育理论教学的实践功能化问题。就职业教育的功能而言，作为职业教育体系的一个重要组成部分，除了微观层面上社会个体教育的功能之外，还有宏观层面上经济、社会、政治、文化等方面的多元功能，如“深刻影响人力资源定位、缓解教育危机、部分解决城乡二元结构、调节社会对体力劳动和脑力劳动的认识、促进理论与实践的结合”等功能，因本节探讨的功能化主体是职业教育理论教学问题，这里仅限于微观层面上社会个体教育的功能化问题。职业教育就其促进人的多层次教育需求实现方面而言，其基本功能主要有三个方面：职业技能培训、传播基础知识、提升人文素质。职业教育就其促进多方面人才教育目标实现方面而言，主要体现出两个方面的属性：一是技能操作型人才教育，二是技能理论型人才教育，但主体是技能操作型人才教育。由此可见，职业教育理论教学的基本功能是传播理论知识、提升人文素质、指导和促进实践技术技能培训，但其首要功能与核心功能当然是其实践功能——指导和促进培训技术技能，即立足生产需求，提升实践技能、服务就业创业。

综上所述，职业教育理论教学的实践功能化即实践功能的实现化，就是职业教育中理论教学有针对性地指导和提升实践职业技能之功能的促进与实现。可以说，这既是一个过程，也是一个结果，或者说是过程与结果的综合体，因为职业教育理论教学实践化功能的促进与实现首先表现为一个过程，而且也只有这个功能化过程的客观存在，才能从根本上保证功能化结果的最终实现，真正使理论与实践紧密结合，理论最终为实践服务成为现实。

二、职业教育理论教学实践功能化阻却及其根源

所谓功能化阻却，就是指功能化在实现过程中出现了一些阻碍因素，导致功能化过程无法顺畅和正常地进行下去，继而导致功能化结果的不出现和不完全出现的情形。在实践中，不少地方职业教育的理论教学实践功能化阻却严重，主要表现及其根源有以下几个方面：

理论教学内容：教学内容陈旧无法指导实践技能，根源在于教材与实践的严重脱节。重点安排上实践性不强。职业教育普遍存在理论教学与实践技能的主次错位、重点倒置、内容割裂的现象，重知识、重原理而轻技能、轻实践。受此影响，理论教学过分注重知识理论的系统性而忽视理论与具体技能的连接，注重知识原理而严重脱节于具体技能层面，没有在理论教学实践中对研究性理论和操作性理论加以区分。毕竟，职业教育教学需要给予的理论主要不是研究性理论，而是一种与实践技能紧密结合的操作性理论。最终导致理论教学更抽象难以对技能培训形成浅显易懂的效果，导致学生实践能力的严重不足甚至缺失，导致理论教学功能化重点发生偏离甚至阻却的现象。内容更新上滞后性明显。理论教学不同程度滞后于生产实际需要，滞后于就业创业需要。以电子专业为例，专业基础理论

课为电工基础和电子线路，笔者从教十余年，这两门专业课所用教材已持续多年没有改变，以至于对于这两门教材的内容和习题几乎能够倒背如流。而电子技术的发展迅速，对技能培训的要求时刻在变，教材内容显然已经老化，不能跟上时代的发展，适应社会的需要，对技能培训的理论支撑和直接帮助非常有限。学科教学间综合性薄弱。职业教育不同学科知识内容的综合融会欠缺，文化学科知识之间、专业知识之间、文化知识与专业知识之间、专业基础与专业技能之间的互渗互融严重不足。职业学校学生作为社会经济发展的一个重要力量，在这种孤立学科教育下，其基本的职业技能素质难以得到锻炼，多层次、多方面的技术潜能难以得到启发，综合性、复合型的职业知识结构、能力结构、素质结构难以得到培育和提升，背离了人的全面发展的终极指向。

理论教学主体：教学师资薄弱无力指导实践技能，根源在于教师与实践的脱节。师资水平有待提高。教师处于比较封闭的工作环境，“吃老本”现象大量存在，对企业发展、产品技术等缺乏最新的了解，呈现出理论日趋老化、教学水平递减的状态；部分教师从企业转入，技能理论教学水平不高。教学模式实训性有待提高。很多学校以传统的灌输性知识传授为主，以实践为基础的生成性教学和实训性教学严重不足。这既是当前职业教育校企合作薄弱、实训基地匮乏、实训设施严重不足的结果，也是传统教学方式的惯性使然。在科学技术飞速发展的今天，职业教育理论工作者落后于时代、脱离于实践的现象较为严重，成为职业教育理论教学功能化的一个突出障碍。

理论教学环境：学校服务技能氛围不足，客观上没能最大化地指导实践技能，根源在于导向与实践的脱节。教学管理导向偏离。很多职业学校实践技能教学氛围建设重视不够，就理论教学抓理论教学，对于理论教学与技能教学的重视程度严重失衡，与职业学校围绕技能抓教学的重要任务相背离。教学设施建设导向偏离。很多职业学校硬实力建设没有坚持技能优先原则，既没有围绕实践技术的发展和需求的变化及时更新相关教学设施，也没有建立稳定有效的校企合作与联合办学机制，必要技能实训基础设施严重缺乏。技能考核评价机制导向偏离。很多职业学校在考核与奖励机制上，着重于一般的学校秩序管理，而忽视了职业学校所应具有的技能这一特质性考核导向，忽视了对教师的专业技能等级水平、理论教学与实践技能的关联度、学生在理论教学指导下学习专业技能的效果等职业学校教学考核上的核心要素和评价标准，忽视了教师理论教学对于实践技能贡献度的激励机制建设，其结果必然是影响理论教学指导实践的积极性，加剧了理论教学与实践技能的脱节后果。

三、构建职业教育理论教学实践功能化的六大支持机制

职业教育理论教学，基本前提在于职业教育，基本出发点在于紧扣技能，基本方向在于指导实践，基本目的在于促进就业和提升能力。构建职业教育理论教学的实践功能化机制，必须统筹理论教学的多元要素，多方考量、多措并举，努力形成内涵丰富、理论系统、

支持有力的机制体系。

（一）教学设置的互渗互融机制——注重课程间关联渗透对实践技能的促进提升

职业教育教学课程设置不仅表现为课程组织方式，更在实质意义上体现为一种课程价值观念，课程设置得好与不好、正确与否，直接关系教学目标能否实现。定位上，职业教育理论教学的课程开发设置，应当符合“实践功能化”的教学方向，符合职业教育“就业为导向、能力为本位”的教学基本目标，能够培养学生基本的就业技能和方法能力。可以说，既不同于单纯的理论研究，也不同于短期的岗前培训，这是课程设置的基本方向所在，应当尽可能避免出现偏离目标方向的课程组织设置。体系上，必须坚持以创新为基调，积极完善职业教育理论教学课程设置体系，推动理论教学向实践技能渗透融合。坚持从一般就业、特定专业和具体岗位等不同层面出发，纵向谋划、统筹考虑理论教学课程设置体系，既要提供学生就业的一般素质能力，也要提供特定的专业理论能力，以及具体岗位技能理论知识，体现出一套宏观、中观、微观层次分明，一般、特殊、具体层层递进的知识体系；同时，注重理论与实践之间、不同专业之间、不同岗位之间以及同一专业岗位的不同课程之间的内在联系，横向谋划理论课程设置体系，最大限度地促进课程之间的渗透、联系和融合，促进理论教学与实践技能的内在连接，促进理论知识在实践中释放最大化的效能。

（二）教学内容的超前更新机制——注重对实践技能的超前指导

职业教育理论教学实践中，必须摒弃因老师而开设专业，老师能看懂什么教材就用什么教材的内容陈旧、秩序混乱的教学现状。理论教学内容上，应当确立需求导向的思维，坚持“三个方向”：坚持理论教学的职业方向。按照专业决定内容的思路，从专业发展的实际以及与其相关的职业岗位实践出发，超前确定教学内容和选取教材。坚持理论教学的市场方向。按照需求决定内容的思路，当前和今后一段时期社会人才市场什么专业紧俏、什么岗位紧俏、什么技术工人紧俏，教学内容就有针对地向这些方向倾斜和覆盖，并做到紧扣当前、把握趋势、适度超前。坚持理论教学的时代方向。按照技术决定内容的思路，教学内容要紧跟科技创新实践和劳动技能发展趋势，适应区域主导产业发展需要。总之，教学内容要突出职业岗位需求、市场需求、经济社会发展需求，体现地方性和时代性而不是一味强调系统性；教材选取上要突出需求性、科学性，坚决去除随意性。

（三）教学重点的实践延伸机制——注重对实践技能的理论对接

职业教育理论教学应当坚持以能力为本位、实践为主线、项目教学为载体，切实做到“两个方面”：一方面，在理论教学中，应当紧扣实践、结合实践、融入实践，做到理论教学的项目化、具体化、实践化，使教学内容有针对、不枯燥、解决实际问题，使学生对教学有兴趣听、听得明白、听后能用，从而体现出职业理论教学与普通中学理论教学的本质区别。另一方面，辅之以在实践教学中紧密结合理论，做到实践教学理论化、抽象化，实现理论教学与实践教学的互融互动，进一步促进和支持理论教学向实践延伸结合的努力。

（四）教学方式的实训应用机制——注重对实践技能的理论运用

借鉴德国的“双元制”职业教育模式，坚持企业结合学校、企业为主，理论结合实践、实践为主的理念，在理论教学的具体组织方法和教学模式上充分考虑实践因素，构建形成理论与实训一体化的教学模式。具体而言，可以总结为“四个强化”：强化在实训基地中开展理论教学，让学生对技能理论的认知更加形象和具体；强化在校企合作中开展理论教学，让学生对于技能理论的理解更加直接，且学后即可运用；强化在技术开发中开展理论教学，让学生对于理论的运用在创新中更加深入；强化在技能大赛中开展理论教学，让学生在技能竞赛中补充理论知识、提升理论水平、生发出对技能理论的浓厚兴趣，并在平时教学中有机渗透技能大赛标准，使这些以实践为基础的理论教学方法和模式，能够成为职业学校理论教学实践功能化的重要且直接的支撑机制。

（五）教学师资的全面提升机制——注重对实践技能的教学顺应

应全面提高职业学校专业教师理论教学水平，当前，应着力做到“三个注重”：注重提升专业技能教师的理论水平。针对一些来自专业技术岗位一线教师实践技能强而理论功底不足的实际，通过加强培训强化其理论水平，实现理论功底与实践技能的同步提升与协调发展。注重提升理论教师针对专业技能的教学能力。针对很多职业院校教师实践技能薄弱的实际，引导广大教师既要强化技能水平提升，继而在理论教学中能够结合实践开展教学工作，更要鼓励理论教学的创新和发展，最大化地推动理论教学实现其实践化功能。注重教师知识技能的更新提升培训。顺应职业技能实践日新月异的发展趋势，强化专业技能教师的定期培训机制，建立专业教师到企业实践制度，使职业教师的理论水平和实践技能，始终随着社会的发展进步而不断更新和提升，职业教育理论教学始终能够为广大职业学生学习技能发挥现实有效的作用。

（六）教学管理的技能导向机制——注重对职业技能教育的制度引导

从学校领导和组织管理的角度讲，应当树立以实践职业技能为导向的管理理念，并着力完善“三大制度”：完善技能导向的硬件投入制度。健全职业教育的稳定投入机制，全力争取并用足用好各级对发展职业教育的扶持政策和财政投入，切实加大对教学设施、实训基地、专业器械等职业学校硬实力建设的投入力度，为推动职业教育教学的实践功能化奠定坚实基础。完善技能导向的激励制度。建立必要的奖励机制，引导广大理论教学工作者在技能锻炼中研究理论、在理论研究中开发新技术技能，积极带领学生参加各类技能大赛、创新大赛，形成教学工作清晰明确的职业技能导向，体现出职业教育的独特内涵与实践功能。完善技能导向的约束制度。建立完善的考评约束机制，健全教师理论教学工作考核评价制度，把教师技能水平、理论教学效果、学生实践能力等作为教师绩效的重要评价标准；健全民主监督制度，把学校学科建设、专业设置、教学设施、管理制度等建设水平，作为监督学校各级管理层的重要标准，应用于学校管理层的考核，最大化地推动职业教育教学的实践功能化的实现。

第二节　MBTI 理论在大学生职业教育中的应用

一、MBTI 理论的定义以及特征

MBTI 的英文全称是 Myers-Briggs Type Indicator，它是一种对人们的性格进行测试和评估的工具，是一种关于人格的理论，主要用来测试和描绘人们在接受各种信息、做出一定的决定及如何对待各种生活等各个方面产生的心理活动的一般规律和表现出的性格的不同类型。

在心理学上，人们将“性格”定义为个体的内心行为上的倾向，具有稳定性、持久性及完整性等特性，是每一个人所独有的，它反映的是一个人外在的行为和态度。MBTI 对人的性格进行了合理的分类，具体分为四个相应的维度，并以此对人的不同性格进行解读，在每一个具体维度上都有两个互相对立的倾向，具体如下：外向用 E 表示，内向用 I 表示，二者体现的是人们精力的来源；感觉用 S 表示，直觉用 N 表示，二者体现的是人们在用脑进行不同感知时的偏好；判断用 J 表示，感知用 P 表示，二者代表的是我们如何适应不同的外部环境；思考用 T 表示，情感用 F 表示，二者体现人在用脑进行判断时的偏好。将这四种维度、八个不同倾向有机组合，就会产生 16 种不同的性格类型，各个性格类型都有着适合自身特点的职业及工作。MBT 理论将适合这 16 种不同性格的工作进行了详细的说明。

二、MBTI 理论的测试过程和行为准则

MBTI 自从 1942 年第一次跟世人见面以来，经过不断的修改及完善，到今天至少经历了十几个版本的更新换代，在进行 MBTI 的设计时要遵循严格的测试过程及行为准则：

第一，要将测试者的心态调整到最佳状态。具体测试人员要尽可能地帮助被测试者放松心态，尽可能地摆脱其学习和工作等外部条件产生的压力，使其尽量地展示真实的自我。

第二，进行调查问卷的回答。被测试人员在回答问卷时，尽量依靠自身的理解进行，不能与第三者交流和讨论，当然测试者也不能对问题的回答进行干扰和提示。

第三，大体介绍 MBTI 的内容。测试人员向被测试者解释 MBTI 的测试目的、测试的思路及测试的主要内容，并对其自我测试的行为进行合理的指导。

第四，对问卷进行分数计算及合理对比。测试者应该指导被测试人员完成分数的统计工作，并对其详细解释分数的由来，最后深入讨论分数的具体意义。

第五，进行最终的确认。测试人员指导被测试人员进行有效的自我发现和探索，帮助其对自己的性格类型有一个良好的认知。

三、MBTI 理论在大学生职业教育中应用的具体例子

经测试小强的性格类型在四个维度上分别表现为内向、感觉、判断及思考，即属于 ISJT 类型的性格特点。

（一）MBTI 能够让大学生对自身的优点和缺点有一个明确认知

小强的性格属于 ISJT 类型，属于这种性格的人通常比较严肃，对待事物的责任心比较强，并且通情达理不会做出扰乱社会的违法行为。这种性格的优点是：严肃、安静及勤奋刻苦，因细心周到及注意力集中达到最终目的；脚踏实地实现最终梦想，不受别人的干扰；做事情认真负责，对事物的组织性强；看待事情实际，注重实施，现实，可以托付、值得信赖。其缺点主要是过重地看待事物的细节而迷失其中，最终变得倔强和顽固，甚至会对别人的观点不予理睬，并且不善于交流，即使对别人的要求不明确时也不表达，将话藏在心底。结合小强的日常表现，不难发现测试结果的准确性。在学习方面，小强勤奋且心静，会将学习认真仔细地做到更好；在为人处世上，小强看重现实，对朋友重情义讲义气。而他的缺点是过于追求细节上的完美，进而忽略事物的整体性，最终造成方向上的错误。

经过这个具体的例子，我们认识到 MBTI 能够使大学生对自身的优缺点有明确的了解，从而使他们对自身的理解更加科学、具体和全面。对于自己的优点要充分利用，只有这样才能让自己更加自信，相信自己一定能够实现既定的目标。对于自身的缺点要合理看待，并在今后的学习和工作中积极主动地克服和改变，尽可能地减少对自己产生的不利影响。

（二）MBTI 能够让大学生对自己的性格有具体的了解

小强的性格经过测试确定为 ISJT，SJ 类别的人事业心及责任心较强、忠诚，能够按时地完成任务，注重安全、行为规矩、服从，不善于在外显露自己，面对困难能坚定不移地完成，具备为社会服务的精神。生活中他们通常是保护者、监护人员和管理方面的人员。

通过职业教育的老师对小强平常生活和学习的了解并进行适当的分析，可以发现小强作为干部在工作方面十分优异，这主要是依靠他的责任心，以及对老师尊敬、对同学谦虚的工作和生活的态度和精神。老师应该借助具体的例子帮助小强对测试的性格结果进行合理的分析和解释，从而使其在今后的学习和生活中不断发现自我。

经过这个具体的例子，可以认识到 MBTI 能够帮助人们对真实的自我有一个清醒的认知，了解自己天生的性格特点，与此同时我们应该认识到外部的种种压力，可以改变个人的先天行为特征。因此，只有大学生才有资格对性格进行概括和总结。MBTI 更多的是一个引路人，而不是治病救人的大夫，它只是让你更加清晰地看到自己，进而更好地把握住自己。

（三）MBTI 能够让大学生对自己的职业定位有一个初步的确定

MBTI 理论认为不同的职业对不同性格人的吸引力不同。根据小强的测试结果他适合

电子方面的工作，根据这个结果他可以对今后的职业有一个初步的规划。大学生在对自己将来的职业进行规划时，一定要结合自己的性格特点，规划的职业要尽量跟自己的性格符合。你如果喜欢这个工作，同时它又跟你的性格特点相符合，你就能够将工作做好，工作的满意程度自然就会提升，也能保证今后的工作顺利完成。因此，对于大学生来说，根据自己的性格特点进行职业的选择是有理有据的，它能够让大学生对自己有一个正确的认识，扬长避短充分地发挥自己的优势，做好正确的职业规划和定位。

四、MBTI 理论在大学生职业教育中应用的建议

（一）对 MBTI 理论要进行合理的应用

现如今，在我国有很多个版本的MBTI测试量表，并且分专业、改编及精简等不同类型，为了使 MBTI 理论在大学生的职业教育应用中发挥更大的作用，必须认真地选择 MBTI 量表，最好是选择权威性及信效度较高的版本。

（二）注重专业人才的培养

MBTI 的测试不是每个人都可以做的，必须由专业的人士完成才能够保证测试的准确性，也只有这样才能真正发挥它的作用，让大学生正确认识自己，规划自己准确地找到将来的就业目标和方向，进而提高大学生的就业率。经调查发现，没有经过专业培训的人员进行 MBTI 测评时，出现的误差将达到百分之三十，一旦经过错误信息的误导，造成的后果是严重的。因此必须注重专业人才的培养，这样才能保证 MBTI 理论起到应有的作用。

（三）MBTI 理论要在职业教育的整个过程中进行

大学生对自己的认识不是一蹴而就的，这需要一个漫长的过程，可能一开始比较模糊，但是随着阅历的提高，认识会逐步提升，因此 MBTI 理论在大学生职业教育中的应用要贯穿他们整个四年学习中，随着学习的进行，不断地加深对自我的了解，不断地明确自己将来职业选择的方向，从而为将来的就业打下坚实的基础。

综上所述，随着就业压力的不断增大，MBTI 理论在大学生职业教育中的作用越来越显著，在职业教育中合理地应用 MBTI 理论能够让学生在学习中不断认识自己、发现自己及超越自己，从而明确适合自己的就业方向，为将来踏上社会选择适合自己的职业打下坚实、稳固的基础。

第三节　生涯建构理论在职业生涯教育中的应用

随着市场经济全球化和信息网络技术的不断发展，传统的职业系统也在不断发生变化。由此，米切尔·阿瑟提出了“无边界的职业生涯”一词，人们对职业的概念有了更为深入

宽阔的理解；此外，英国管理学教授耶胡迪·巴鲁从不同主题角度分析并提出了内部职业、外部职业和组织职业。市场竞争带来了劳动力转型、多元化需求、职业属性转变等一系列变化，职业外部环境的不确定性使人们很难仅仅使用“人职匹配”和职业发展模型来理解职业生涯；与此同时，新兴的易变性职业生涯观念认为个体要对自己的职业生涯管理负责，其无界性的特征使职业生涯呈现出跨专业和短暂性的普遍现象，人们不再孤立地依靠组织，而更多的是根据自身需要、自身的职业发展目标，并结合职业外部客观环境因素做出职业选择和建构。职业生涯建构理论由美国职业辅导实践与研究的资深学者 Mark L.Savickas 教授在 2002 年首次提出。职业生涯建构理论探讨个体如何通过一系列有意义的执行行为和工作经验来构建自身职业生涯发展过程。

一、生涯建构理论概述

（一）生涯建构理论产生的背景

马克思主义哲学认为：实践是检验真理的唯一标准。然而，没有理论的实践是盲目的实践，很难取得成功。职业生涯是个体所经历的所有工作、职位与经验的整合，这就要求个体在面对职业选择决策时，应综合考虑自身内在素质与客观外部环境条件，以达到某种相对适应的状态。职业生涯教育经过一百多年的发展，已经形成了较为成熟的理论基础。职业选择理论中，如帕森斯的特质因素论以“人职匹配”作为职业选择的最终目标；霍兰德的人格类型论认为个人的人格应与职业类型相适配。职业生涯发展理论中，如舒伯的五阶段发展论在职业规划中得到广泛应用，对个体生涯探索和发展具有重要的指导意义。职业生涯决策理论中，奇兰特的职业决策过程模式提出生涯决策不是一次选择或一个结果，而是持续不断地做决定及修正的终生历程，具有系统性的特征。他们都在强调，一个个体的职业决定，他一定不再是客观的、理性的，个体主观如何认识自我，如何形成对自己的评价，以及个体内在对职业的认同，才是决定职业选择的真正要素，这显然不是完全过时的，但是它不再适用今天这个社会，因为它过于简单，一个人不是基于自己的兴趣、能力、价值观，就能够匹配到适合自己的职业。在当今时代，面对复杂的职业环境，我们不能再简单地依赖个体特质到特定的职业，这样的职业生涯模型；跨职业属性的职业特性推动职业发展的特点越来越强地朝个性化发展，职业生涯建构理论的研究和发展就显得尤为突出。

（二）生涯建构理论的提出

早在 1955 年，舒伯就提出了“职业成熟度”概念，指出每个年龄段的人们都会在态度上和认识上有所准备，用以应对一系列职业发展的任务。所有这些职业发展任务，人们都会有某种程度的准备，包括心理准备和行为准备。后来，Crites 提出用“生涯成熟度”代之，以突出个人在生涯发展之前的准备程度。然而，舒伯等人研究认为，由于成人与青少年所处的生涯阶段不同，前者已经踏入工作岗位，而后者则未真正认识到职业世界的种种，因此，二者的准备程度不同，不应使用同一概念加以描述。于是提出了生涯适应力，认为适应才是终身职业生涯发展的核心。Savickas 在继承和发展舒伯等人的生涯发展的同时，把它提升到了一个更高、更新的境界叫作主观生涯，是一种主观性的看法，把个体生涯的各个阶段编制成一个描述人生主题的模式，不仅把生涯适应力作为生涯发展的核心能力，还指出个体职业发展的实质是一个追求主观自我与外部环境相互适应的动态过程，个体占有完全的主观的主导的地位，不同的人有着不同的建构内容和建构结果。

（三）职业生涯建构理论的内涵

Savickas 曾针对生涯建构理论提出过 16 个探索性命题（propositions），后来受 Mc Adams 一般人格结构论（general framework of personality）启发，他融合并发展了个体－环境匹配（person-environment fit）理论和职业人生主题（life theme for career）理论，把那些命题进一步提炼成为生涯建构理论的三个方面：不同个体间的特质存在差异（differential），个体在不同生涯阶段所面临的任务和应对的策略具有承前启后的发展性（developmental），生涯发展是一个充满内动力的变化过程（dynamic）。由此，生涯建构理论分别用职业人格类型（vocational personality types）、生涯适应力（career adaptability）和人生主题（life theme）回应了个体职业行为中“是什么”（what）“怎么样”（how）以及“为什么”（why）三个问题的解释。

1. 职业人格类型

霍兰德在他的人格类型论中认为职业选择是个人人格在工作世界中的表露和延伸，即人们在工作选择和经验中表达自己的个人兴趣和价值。诸如个人所具备的能力价值观、兴趣、人格，这些基本的个人内在的，由遗传所决定的，或者环境决定的这些个人的特征，都是职业生涯中不可或缺的重要方面。同时职业人格又会受家庭、学校和社会环境的影响，所以具备同样的能力、同样的价值观、同样职业兴趣，甚至是有同样工作风格特点的人，他可能会选择完全不同的职业。因此，生涯建构理论更加重视个体在工作中发生了怎样的变化而不是其本身具备的是什么类型的人格，这就要求我们借助职业人格来形成对职业的自我概念，完成自身的职业生涯建构。

2. 生涯适应力

生涯建构理论的核心是生涯适应力，它被定义为个体应对可预测的工作任务和角色以及由工作变化带来的不可预测的自我调整的准备程度。社会飞速变迁令个体不得不更加主动地根据环境做出态度、行为和能力上的调整，形成个体的生涯适应力。生涯适应力代表了一种社会心理资源，是在面对外部挑战和困境时所具备的核心能力。2005 年 Savickas 进一步完善了生涯适应力的理论建构，重新提出的生涯适应力模型包括：生涯关注（career concern）、生涯控制（career control）、生涯好奇（career curiosity）、生涯自信（career confident），这四个方面分别代表了个体对职业生涯发展的四个角度的思考，即“我关注自己的未来吗”“我拥有什么样的职业生涯”“我能掌控自己未来的生涯发展吗”“我对自己的生涯发展有足够的信心吗”。个体生涯适应力的发展贯穿于这四个维度，同时个体在面对职业选择和职业决策中，面对外部环境变化时需做出自我调整时，生涯建构理论强调个体独特的态度、信念和能力，被称为生涯建构的 ABC，A 代表态度（attitude），B 代表信念（belief），C 代表能力（competency）。这三个要素能对四维度起调节作用，会影响个体在职业生涯发展中的行为，从而做出更具体有效的职业应对策略。Savickas 还认为，适应聚焦的是个体生涯发展中的应变过程，即个体与环境之间如何在各种转换中实现顺利过渡和互相匹配。由此不难发现，生涯适应力高的个体具备以下特点：关注未来职业前景，对自身的职业生涯具有较强的掌控力，对自身职业生涯发展充满了探索欲和好奇心，对自身生涯发展的实现充满信心。提高个体的生涯适应力是职业生涯发展中解决一系列困境的重要目标。

3. 人生主题

人生主题（life theme）是生涯构建中的一个重要组成部分，是个体生命过程中反复出现的一些模式和风格，这些模式和风格解释着个体的生命历程。人生主题理论通过整合主观客观世界，赋予其职业行为的意义，它强调职业行为的过程，关注产生职业行为的原因，而且关注个体做什么行为以及如何做出这种行为。在当今的后工业化时代，每个个体的生命意义，都属于他自己，因此引导调节和维持职业行为主观生涯，它是一个出现在产生意义，而不是发现依存事实的过程中，这是生涯建构的核心特征。客观的事实已经不重要了，相反个体如何赋予它意义，变成了生涯发展核心的内容。个体是否赋予人生主题一个完整的健康的自我概念是走向职业生涯成功的重要标志。号召个体通过实际工作行动来体现自身价值和能力。

二、生涯建构理论在职业生涯教育中的应用

职业生涯教育是就业指导工作与职业指导教育的延伸和发展，包括职业生涯规划教育、职业心理测评与职业咨询、求职择业指导、就业创业教育等内容。目前，我国对职业生涯教育的关注度正在逐渐提高，高校都将职业规划课纳入了必修或者选修。2012 年 8 月 1 日，教育部办公厅下达关于印发《普通本科学校创业教育教学基本要求（试行）》的通知，说明国家和教育部已经深刻意识到开展职业发展教育是提高高等教育质量和落实大学生就业的有效方法。反观职业环境，职业生涯发展的过程常常不再有稳定的结构和可预测的轨迹，并有越来越多的断裂、转型和不确定，个体时常感到找不到“适合自己”的定位，越来越焦虑和自我怀疑。面对全球化和信息化的发展，职业具有多样化和流动性的特征，因此，高校中的职业发展教育也要在适应新挑战的同时做出调整。

（一）通过职业自我意识教育，帮助大学生形成自我概念和职业人格

1. 抓好职业生涯理念课堂教育，提高学生的自我意识

大学生还处于“职业准备期”阶段，他们对工作的体验是零散的，更多是一种预想，同时个体的自我和外在的职业世界又无时无刻不处于变化之中，不确定因素更多。对于大

学生职业规划辅导，在训练他们获得各种能力的过程中，努力塑造其好的自我评价，积极的自我概念，应引导大学生积极培养包含能力、需要、价值观和兴趣等的个人职业人格，认识到不确定性的意义，为个人职业生涯建构提供有力武器。

在学校方面，课堂教育是十分重要的，在大学生初入学时，学校应在课堂内容和形式上开设有关挖掘学生自我人格和认清自我概念的课程内容，帮助他们通过课堂学习认识自己，形成自我意识。应从大一开始对学生进行就业指导，指导形式应多样，引导他们更好地自我探索、自我定位，利用专业测评工具，提高大学生自我认知的水平，帮助学生准确定位，规划个人人生目标。可以举办相关的职业教育活动，邀请心理学专家、职业教育工作者，通过讲座或论坛的形式给大学生进行辅导和培训，让学生提升自我认知的理论水平，深化学生的自我认知。另外，在自我方面，主动从自己的成功失败经历中分析自身的优势劣势，特长爱好，从而全面剖析认知自我。同时，还可以通过别人对自己的评价更好地进行自我评价，以求客观全面，综合各方面意见的分析结果，描绘出一个真实的自己，提高自我认知。

2. 重视多方面的职业生涯辅助功能，形成完备的自我概念

首先，改善职业指导和辅导员之间的关系是至关重要的，学生接触最多的是自己的辅导员。因此，需要建立一支职业指导教师队伍，增加职业咨询老师人数，加强对现有的辅导员的专业培训，课堂内的职业辅导是快速建立自我意识的有效途径，授课老师在课堂上帮助学生解决理论知识上的疑惑，教授给他们如何提升自我认识的方法以及重要意义，提高他们的重视程度。

其次，要重视学生家长和朋友对学生的生涯辅助功能，现有的职业辅导体系往往只强调大学生在校环境的作用，忽视了家庭和朋友对学生职业意识和职业概念的影响和重要性。通过鼓励学生家长关注学生的个人职业兴趣、职业定位，更好地帮助学生尽快形成正确的自我人格和职业价值观，同学和朋友的影响力也十分重要，鼓励学生建立友好的同学朋友关系，提供更多的学生活动，促进他们之间的交流沟通，更好地发现自我、认识自我。

（二）创建以“生涯适应发展”为核心的教学环境，提高职业生涯教育的功能

1. 引入以生涯适应发展为核心的教学，注重本土化研究

提姆·霍尔提出的“多变性职业生涯”概念中，在不断关注自我指导和自我关注两个方面的同时，仍将适应性作为21世纪职业生涯关键的、有价值的特征。传统大学生职业生涯教育仅仅关注学生就业能力的提升和获得某个职位的基本条件，而不重视个体的自我发展和全面发展。当代，高校应将生涯适应力理念贯彻到职业生涯教学中，创建以“生涯适应发展”为核心的职业生涯教育。

首先，学校可以建立学生人才数据库，这是指定期收集显示学生学习成绩和持续进步的数据。当学生首次入读大学时，应为每个学生设立一个动态数据库。通过对系统的数据

进行分析评估，教师可以全面了解学生的个人发展情况，并根据他们的具体情况和愿望进行指导和支持。其次，学校应该引入更多参与式互动式的职业生涯教学活动，如大学生职业规划比赛、个人简历设计大赛、职业评估、面试风格互动论坛、专家和校友研讨会、模拟招聘和公司实地访问等等，从而更好地提高学生的生涯适应能力。另外，将职业生涯适应力引入国内高校时，应注重概念的本土化，结合我国历史文化特点以及高校的发展程度，将其更好地运用到职业生涯教育当中。

2. 加大职业生涯规划意识的深入和推广

目前，对大学生进行职业生涯规划教育已经成为当代社会教育发展的必然趋势，应加大对大学生职业生涯规划的引导和支持，使其更好地选择和适应职业。第一，学校应对职业生涯规划对于大学生及学校今后的发展所具有的重要性进行充分认识，相关的宣传和教育工作要做好，让学生对职业生涯规划有一个很清楚的认识，这样不仅能够为学生找到一个好工作提供帮助，还对其未来职业的发展具有很好的促进作用，进而激发学生自觉、积极地参与到自身的职业生涯规划当中。第二，将经验交流及信息工作做好，注重学生参与、校友参与以及各科教师参与的全面参与和全面关注，通过各方的密切合作，以提供综合服务，不同领域及地区的高校应加强彼此之间的沟通，学习借鉴彼此之间的优秀经验，实现高校之间的共同发展。第三，关注职业生涯咨询在职业生涯规划中的应用，职业生涯咨询可以更好地提供真实的情境化的职业指导，通过职业生涯咨询，培养学生懂得面对不同的毕业社会环境，立足当下，学会调整、改变和适应，发展社会所需要具备的能力、技能、个性以及价值观，从而更好地实现个人职业生涯规划。

（三）鼓励通过工作实践形成自我价值，提高就业能力

虽然在大学学习的主要学科是学生个人素质形成的关键，学生的其他素质也非常重要。这些素质包括可靠性、社交性、主动性、可信赖性和团队合作技能。职业生涯必须解决这些问题，作为帮助学生实现自我价值观，更好地实现自我职业生涯发展的一部分。个体的生涯发展的价值功能具有整合性，兼具社会价值和个人价值，这意味着个体在生涯过程中，重视来自社会外部环境的挑战，如经济全球化、信息化时代的要求，以及就业时的社会需求，政府政策等等。要求职业生涯教育在教育的过程中号召个体通过具体工作经验来体验自身价值和能力，帮助学生明确人生主题，培养适应全社会需要的人才。

美国得克萨斯大学转型教学研究中心史蒂文·明茨教授表示，植入体验式实践学习对在校生在通往职业生涯的探索中意义非凡。学生通过社会工作实践活动，进一步确立职业意识，培养职业道德，强化职业能力，初步树立科学、正确的职业观。主要围绕职业发展、基础知识和专业学习，以服务社会为主，开展劳动锻炼、志愿者服务等活动，培养创新精神和实践能力，提出解决问题的意见和建议，形成调研成果。在高校要建立专门的实践场地，建立就业见习基地和创业孵化基地，即以中小企业为载体，选派有创业计划的学生到孵化基地见习、锻炼，使学生在实践中合理调整自己的职业生涯规划，更好地适应社会的

需求。此外，学生的就业能力在许多方面与他们的个人发展有关，学校应尽可能地为增加他们的经验和能力提供帮助，辅导员和科目教师需要合作，将学生事务与学术事务相结合，学校可以组织许多有助于这方面的活动。例如，安排学生做演讲、参加比赛、实习等等。职业相关活动，如招聘会、模拟招聘演习和职业讲座也可以提高学生的就业潜力。

第四节　职业教育管理中管理理论的应用

21 世纪，国家的竞争实际上就是教育的根本，教育水平是衡量一个国家发展进步的重要尺度。职业教育作为教育系统的一个重要分支，在它的管理中往往会涉及许多的管理理论，本节主要论述激励管理理论和赏识管理理论在职业教育管理中的应用。

一、职业教育管理中激励管理理论的应用

在心理学上，激励是指一个心理过程，能够让人处于较长时间的兴奋状态，继而调动人的最好状态。职业教育的学生相比于学历教育的学生，学习状态会差一些，学习目的比较不明确。将激励管理理论应用在职业教育管理中，旨在激起职业教育学生的学习兴趣、学习动机，继而更加积极地参与学习过程，提高学习效率。在职业教育管理中，激励的形式是多样化的，它既可以是情感上的，也可以是行为上的。以下简单介绍几种激励手段：

情感激励，也就是从学生情感成长的方面给予激励。例如在课堂教学上，为了鼓励学生积极发言，职业教育教师可以采用“褒奖式”的评论来降低学生的畏难心理，有勇气说出自己的想法。又如在班级管理和教育过程中，职业教育教师可以用自身丰富的情感经验来激励学生，帮助学生树立正确的世界观、人生观以及价值观。

目标激励，职业教育本身具有一定的目标导向和指向性，目标激励正是以阶段性教育目的为主要的指向性，激励职业教育学生产生积极的学习动机。目标激励运用在职业教育管理过程中，需要注意两个方面：一是目标设立的合理性，目标不能够脱离职业教育学生生活与学习的实际，不能够超越学生的真实学习水平，目标应该是职业教育学生通过努力能够达到的，而不是为了难住学生；二是目标的阶段性，对于职业教育目标而言，并不是单一而互相独立的，所有的教学目标应该是相互联系的，应该在一个总目标下，设置多个分级目标，激发职业教育学生的积极性和参与性。

竞争激励，竞争是客观存在的，对于职业教育学生的成长而言，竞争是无处不在的，竞争激励的本质是深入挖掘学生的潜能，在职业教育管理中应用适当的竞争激励是十分必要的，但同时职业教育教师应该把握好竞争激励的尺度，可以更多地从学生的行为、表现等无形的潜能上做竞争。

二、职业教育管理中赏识管理理论的应用

所谓赏识教育，实质上是一种尊重生命规律的教育理论，人在发展的不同年龄阶段，其身心发展特点和水平有所不同，赏识教育要遵循人的生命发展生长规律。在职业教育管理领域，赏识教育尤为必要。职业教育的学生相比于学历教育的学生，心理会产生自卑或低人一等的感觉。在职业教育管理领域中运用赏识教育，通过对学生心理、行为过程的赏识，来纠正学习成长过程中职业教育学生的不良心理、行为，抓住学生渴望的心理，创建更好的职业教育氛围。在职业教育管理中应用赏识教育理论，应注意做好以下几个保障措施：

要确保职业教育者对赏识教育理念的正确认识，一方面职业教育要培养教师的赏识教育理念，转变传统教学理念中的“表扬与鼓励”的表现形式，创新赏识教育的手段，不妨试试给予学生无声的鼓励，这样也会给职业教育学生带来感激与温暖；另一方面，职业教育教师必须要针对学生的实际情况来制订相关的教育方案，不能够盲目套用成功经验。要正确地认识学生是发展中的人，是整个教学过程的主体。

要确保赏识教育的“度”，过度地对个体进行赏识会导致学生个体的脆弱和自负感。职业教育教师对学生应该适度地赏识和肯定，以增加学生的自信心。职业教育教师在赏识教育过程中，要正确定位学生的潜能，做到赏识有度。

要构建和谐的师生关系，教师与学生的关系是多面的：一方面，教师应该在学生面前树立威信，避免学生的逆反心理，促进教师做出更加科学的教育方案；另一方面还要尽可能地获取学生的信任，让学生能够与教师形成良好的“朋友”“伙伴”关系，有利于让学生的个体赏识教育得到更充分的发挥，促使学生从职业教育中得到更多的收获。

教育是国家发展的根本，职业教育的发展关系千千万万的家庭和孩子。职业教育管理是一个没有标准答案的讨论题，无论身处哪个时代，都是当代职业教育教师需要深入思考、实践，并不断总结的课题。除了激励理论、赏识教育理论之外，在职业教育管理中还有许多理论能够有效地促进职业教育。无论应用何种教育理论，职业教育管理的本质都是创造一个适于职业教育学生成长、学习的环境，让职业教育学生更加综合全面地发展。

第五节　知行合一教育教学理论职业教育的应用

全国职业教育工作会议 2014 年 6 月 23 日至 24 日在北京召开。国家主席习近平就加快职业教育发展做出重要指示。他强调要牢牢把握服务发展、促进就业的办学方向，深化体制机制改革，创新各层次各类型职业教育模式，坚持产教融合、校企合作，坚持工学结合、知行合一，引导社会各界特别是行业企业积极支持职业教育，努力建设中国特色职业

教育体系。“工学结合、知行合一”成为国家倡导的职业教育教学理念。

一、知行合一的中国古代哲学思想渊源

知行合一是中国古代哲学中关于道德修养、道德实践认识论和实践论的命题。明武宗正德三年（1508），心学集大成者王守仁在贵阳文明书院讲学，首次提出知行合一说。“知”，主要指人的道德意识和思想意念。“行”，主要指人的道德践履和实际行动。因此，知行关系，当时主要指的是道德意识和道德践行的关系，也包括一些思想意念和实际行动的关系。

王阳明的“知行合一”思想主要包括以下两层意思：一是知中有行，行中有知。他认为知行是一回事，不能分为“两截”，极力反对道德教育知行脱节及“知而不行”，把一切道德归之于个体的自觉行动。二是以知为行，知决定行。他说：“知是行的主意，行是知的功夫；知是行之始，行是知之成。”意思是说道德是人行为的指导思想，按照道德的要求去行动是达到“良知”的功夫。王阳明的知行合一说主要针对朱学而发，与朱熹的思想对立。程朱理学包括陆九渊都主张“知先行后”，将知行分为两截，认为必先了解知然后才能实践行。王阳明提倡知行合一正是为了纠朱学之偏，深化了道德意识的自觉性和实践性的关系，克服了朱熹提出的知先行后的弊病，同时抹去了朱熹知行说中的知识论成分。虽然有利于道德修养，但忽略了客观知识的学习，造就了以后的王学弟子任性废学的弊病，清初的思想家甚至把明亡的原因归于王学的弊端。知行合一给我们的启示是，所有的成功都来自行动，只有行动才能改变自己。

二、陶行知知行合一教育思想的形成

陶行知原名陶文浚，1891 年出生于安徽歙县近郊的小村庄。1910 年，陶行知先生考入南京金陵大学，开始研究王阳明的《传习录》，信奉“知行合一”。他将自己的笔名取为“陶行知”，目的就是为了发愤求知。陶行知在赴美留学期间，师从美国哲学家、心理学家、教育家杜威。杜威教育思想的基础是实用主义哲学。王阳明的哲学与杜威的实用主义哲学同中有异。王阳明认为“知是行之始，行是知之成”。杜威先生认为：应“从做中学”，强调做是学的起点，即“先行后知”，但都注重“知行合一”。由于曾师从杜威，陶行知先生对“知行合一”又多了一层认识。陶行知先生回国之后，提倡实用主义，却到处碰壁，使他认识到必须要有符合国情的教育。于是陶行知创立了“生活即教育”“社会即学校”“教学做合一”的生活教育理论，即生活教育是给生活以教育，用生活来教育，为生活向前向上的需要而教育，是生活决定教育；教育要通过生活才能发出力量而成为真正的教育。教学做合一是生活法亦是教育法。

生活教育理论是陶行知在对王阳明“知行合一”深刻认识，融汇杜威“从做中学”思想，结合中国国情之后而形成的。起初陶行知也认可“知是行之始，行是知之成”的观点。直到在教育实践中碰壁后，才对知识的源头进行新思考，在《行是知之始》一文中对王阳

明的“知是行之始，行是知之成”进行了批判，提出了“行是知之始，知是行之成”的观点。生活教育“教学做合一”方法的中心是“做”。陶行知先生在《教学做合一》中写道：“教学做是一件事，不是三件事。”他在《在劳力上劳心》中又说：“昨天我讲教学做合一的时候，曾经提及‘做’是学之中心。那么我们必须明白‘做’是什么，才能明白教学做合一。盲行盲动是做吗？不是。胡思乱想是做吗？不是。只有手到心到才是真正的做。”“教学做合一”不是停留在“知行合一”“致良知”的阶段，它是在“行动”的阶段。“教学做合一”是从“知行合一”中继承和发展而来的。陶行知通过对王阳明“知行合一”的认识，走上了教育之路，并通过对“知行合一”的批判、继承和发展，进而创立了生活教育理论。

三、知行合一职业教育理念与应用对策

孔子的“学而时习之……传不习乎”（《论语》），王阳明心学的“知是行之始，行是知之成”（《传习录》），现代教育家陶行知倡导的“行是知之始，知是行之成”，中国教育思想十分强调“知行合一”。当下在职业教育领域提倡的理论实践一体化教育教学思想，是中国传统“知行合一”教育理念的体现，是西方职业教育领域“行动导向”“职业导向”“做中学”“双元制”等思想、理论和实践的概括和运用。

把“知行合一”作为一种教学思想和教育文化认识职业教育。浙东学派的精神包括多个层面，如“工商皆本”“经世致用”的经济思想，“勤俭立业”“义利双行”的商贸精神等。而“求真求是”“知行合一”则是其文化内涵的精髓。现代职业教育培养学生运用现代知识与技术，形成职业岗位操作能力的教育，应要注重基础理论、基本技术的认知和应用，即强调“知”；同时要强化应用性，即强调“行”。现代职业教育的本质属性决定了必须坚持理论与实践相结合这一基本原理。在职业基本能力教学中，且不说模具设计制造、机械加工、软件设计、网络施工，诸如导购技巧、顾客观察、商情预测、经营决策、团队建设等能力，仅靠书本、黑板讲授，口耳相传也难以形成。正如《传习录》所言“学射，则必张弓挟矢，引满中的……则学之始，固已即是行矣”。理论实践一体化教育教学模式就是构建真实的职业情境，使学生在“学中做，做中学”，通过“学习—实践—顿悟”，才能将知识内化为思维，外化为言行，构建行事办事的能力。在职业素养教育中，职业价值观和职业情感，服务礼仪、服务态度和服务语言，经营意识、管理理念及团队精神，无不蕴含着人文精神和人文素养，如果不坚持实践活动育人，依然在“理实脱节”的课堂教学模式下，也难以使学生养成职业素养。可见，无论人文课程、专业基础知识课程和专业技能训练课程，践行“知行合一”的教育思想，是获得教育教学成效的关键。

探索合作培养体制，遵循培养规律按现代学徒制实施培养工作，创造理论实践一体化培养技术技能人才的体制机制。一要深化校企合作培养机制。成立招生试点工作小组，与合作企业共同研制招生与招工方案，明确招生考核方式、内容和录取办法。校企签订合作培养协议，院校承担公共基础、专业基础课程教学；企业通过师傅带学徒承担岗位实践、

职业发展、职业素养课程教学。实行校企合作培养，工学结合教学、知行合一学习、招生就业一体、双证融合、校企专兼职导师协同培养的现代学徒制度。探索学徒学习制度，岗位轮换、工作模块自主选择与学分学时衔接，探索全日制学历教育的多种实现形式。探索学徒生管理制度。按照企业生产与经营管理特点，基于企业管理规章制度，兼顾准员工和学生两种身份，通过协议管理机制实施学生管理工作。学生入学后要与培养企业签订两年用工协议、两年学徒协议，实行学习绩效与工作绩效综合考核的企业实习工资制度，优秀学生激励奖励制度。二要注重学生个性化持续发展。坚持育人为本，将服务学生高质量就业和职业生涯发展作为出发点和落脚点，全面推进教学标准、职业资格标准、行业技术规范有效对接，使学生获得个性发展与工作岗位需要一致的职业核心能力、职业素养、职业岗位实践能力。

探索人才培养模式，按照技师成长成才规律构建培养体系，建构理论实践一体化人才培养操作体系。一要邀请职业教育专家、职业技能鉴定专家、行业企业专家，会同相关专业骨干教师成立教学研究研发中心，校企共同研制人才培养方案、开发课程和教材、设计实施教学、组织考核评价、开展教学研究等。二要按照工艺操作技能精湛，工艺整合优化能力强，技术革新、管理创新核心作用突出；技术技能胜任工艺水平高、操作难度大的岗位工作，能解决工艺疑难问题、现场关键技术问题、复杂管理问题等制订人才培养质量标准和目标体系。三要基于工作过程，以企业工作项目和创新创意项目为载体，开发与职业标准对接，与网络信息化教学资源配套，体现先进工艺水平的课程内容体系。四要建立以岗位实践课程为核心，以专业基础课程、产业文化育人课程为支撑，向技术技能创新课程拓展延伸的课程结构体系。五要试行多学期、分段式工学交替教学组织形式，实施专项课题，专项实训、工作项目、生产案例教学，突出合作培养的针对性、灵活性和开放性。第一阶段，安排校内专业基础教学，学习专业基础理论、基本技术应用、基本技能训练课程，培养专业基础能力。第二阶段，安排企业实践学习，按上岗培训、岗位实践、岗位考核循环交替方式组织教学，培养岗位实操、技术与生产管理综合实践能力。第三阶段，安排顶岗实习与毕业设计，通过毕业设计与岗位实操、技术与生产管理实践紧密融合的项目教学，提升综合实践能力。六要引入企业新技术、新工艺，校企合作共同开发专业课程和教学资源；大力推行任务驱动、项目导向等教学做一体化教学模式。

探索校企双导师协同培养制度，建立专兼职优势互补的师资队伍，不断提升理论实践一体化培养执行能力。一要制订双导师管理办法，建立校企共同遴选、培养、互聘、考核机制，明确薪酬津贴标准，以及导师岗位责任制度。二要制订现代学徒制导师能力标准，遴选具有双师素质的能工巧匠、技术骨干和专任教师，组成课程教学导师团队。校内教师应具有企业实践经历、应用研究研发和企业服务业绩、高级职称、博士学位、技师和高级工程师职业资格；企业教师应具有精湛的工艺操作技能、突出的技术与革新、生产管理与创新业绩，有技师和高级工程师职业资格。每个导师要与学校、学生签订人才培养责任书，明确人才培养工作中的权利、责任和利益。要建立现代学徒制导师培训和测评认证机制、工作绩效考核机制。

探索现代化知行合一的学习模式，建立网络信息化教学与学习体系，为理论实践一体化教学和学习搭建应用平台。一要开发与结构化课程配套的数字化教学资源，为教师知行合一教学、学生知行合一学习提供文本、图表、视频动画等形式的知识拓展、模拟实训、案例借鉴、项目实践素材，以及个性化学习方案。二要建立网络应用平台，通过信息管理、多媒体、移动通信工具等为教师教学、学生理论实践一体化泛在学习提供技术支持。三要建立健全应用信息化教学平台实现理论实践一体化教学与学习的管理机制，引导激励教师运用信息化教学平台实施理论实践一体化教学，学生运用信息化教学平台开展理论实践一体化学习。

探索质量保障机制，建立多元参与的教学质量监控评估机制，完善理论实践一体化培养质量保障机制。一要制订教学质量管理办法，校企共同建立教学运行与质量监控体系，共同实施培养过程管理。二要邀请国内外专家开发人才培养专业认证标准、课程标准、教学标准、实践教学条件标准、教师专业能力标准、学生专业能力标准、学生文化素质标准等，引导各产业分院建立人才培养工作体系。三要探索教学考核与技能鉴定结合的技术技能人才培养质量评估与考核办法，开展专业认证、课程认证、教学认证、实践教学条件认证、教师专业能力认证、学生专业能力测评、学生文化素质测评工作，将学徒岗位工作任务完成情况纳入考核范围。

第六节　职业教育真实性评价的理论基础与应用

实践导向职业教育课程改革正在深入进行，许多职业院校都在课程开发、教学设计、课堂教学等方面进行了积极的探索。从改革的目标上看，实践导向的职业教育模式旨在培养学生运用知识技能解决实际问题的综合职业能力。在实施新课程的过程中，如何评价学生的综合职业能力是广大职业教育工作者无法回避的现实课题。真实性评价是国内外新近提倡的一种评价复杂学习的方法，其对我国当前在职业教育课程改革中遇到的评价问题，具有一定的启发和借鉴意义，许多职业院校也尝试着将真实性评价应用于学生学业评价。然而，真实性评价的理念及其操作模式毕竟都是“舶来品”，职业教育领域对其进行的理论研究和实践应用都刚刚起步。那么，究竟什么是职业教育真实性评价？它的理论基础是什么？它在具体的设计与应用上又有哪些特殊的要求呢？探讨并阐明这些问题，对于形成具有中国特色的职业教育学生学业评价模式，提升职业教育办学内涵具有重要的意义。

一、职业教育真实性评价的内涵与特征

真实性评价出现于 20 世纪 80 年代的美国，之后便很快引起世界各国研究者和实践者

的兴趣。美国教育评价专家威金斯（Grant Wiggins）认为，真实性评价就是要学生运用自己所学的知识和掌握的技能来解决生活或与现实情境相似的真实性任务，以便通过自己的创造性活动，来培养、展示和证明自己的知识、才能以及解决问题过程中的策略。日本学者田中耕治教授认为，真实性评价是对传统标准化测验“为考试而考试”的虚拟性的批判，真实性评价通过设置来源于现实生活的、具有一定“困难性”的问题，从而对旨在保障“产生知识”的更高级的学力进行评价。克罗宁（Cronin）等人则认为，真实性评价所指的“真实性”是相对的，学习与评价活动不可能完全达到实际工作与生活的状态，但也不可能完全与现实相分离，因此真实性评价的目标旨在使评价与现实的工作或生活更为接近。更多的研究者则从实际的使用策略或方法来对真实性评价进行探讨。他们认为，为了使评价更具“真实性”，教学评价应该从评价的任务、评价的自然情境和社会情境、评价结果和评价标准等方面与真实世界的应用相一致。

基于以上学者的分析，我们可以对职业教育真实性的内涵进行初步的界定，即职业教育真实性评价就是以真实的职业工作为导向，通过设置真实性的工作任务，从而对学生运用知识、技能、职业素养完成工作任务的综合职业能力进行评价的学业评价模式。职业教育真实性评价具有如下三个特点：（1）其评价目标旨在评价学生复杂性的综合职业能力，而非简单的知识与技能；（2）真实性评价要求学生在完成真实性的具有问题结构的任务或课题中展示自身的综合职业能力；（3）由于真实的任务或课题总是与外部环境紧密结合在一起，因此真实性评价要求设置真实性的或者模拟性的评价环境。

二、职业教育真实性评价的理论基础

职业教育真实性评价并非是对流行概念的简单借用，将真实性评价应用于职业教育领域也并非是应急之举，而是职业教育课程与教学的本质属性，职业教育真实性评价有着深刻的理论基础。

（一）回归真实的职业世界：职业教育真实性评价的哲学起点

长期以来，我国职业教育教学与评价受“应试教育”倾向的严重影响，存在“去过程化”“去情境化”等种种局限，忽视了知识学习与人的发展之间的内在联系与统整。为克服传统教学与评价所存在的这些弊端，职业教育领域出现了“回归职业世界”的思潮，正如雅斯贝尔斯所指出的那样，“回归现实世界才是教育改革的真正条件”。杜威也是这种思潮的极力倡导者，他指出，“教育即社会生活的延续”，职业教育教学与评价需要关注真实的职业世界。真实的职业世界既包括现实的职业世界，同时，也指向未来的职业世界。如何在现实的职业世界与未来的职业世界中取得平衡，是职业教育教学与评价取得成功的关键。杜威认为，现实的职业世界是人类经验的源泉，是职业教育发展的逻辑起点，同时，他又指出：“现实的职业世界是如此复杂，以致学生不可能同它接触而不陷入迷乱。”他还指出，职业学校虽然与现实职业世界之间有着较大的差距，然而，职业学校却可以创造一种“特殊的环境”，这种环境具有特殊的价值和功能：可以净化现有的社会习惯，是可以创造一个更加广阔和更加平衡的环境，以便“把有助于未来社会更美好的部分传递和保存起来”。职业教育真实性评价正是对这一思潮的回应，它不是对现实职业世界的简单线性回归，而是对现实职业世界的“适应性、超越性回归”，职业教育真实性评价旨在通过评价来培养、锻炼，并使学生深刻理解职业实践从而使学生能够更好地面对未来的职业世界，能够在未来从事新实践、开创新天地、创造新生活。

（二）职业能力的本质：职业教育真实性评价的目标指向

职业教育教学与评价回归真实的职业世界是一个哲学命题，若要将这一哲学上的要求落实到具体行动层面则需要准确把握知识学习与职业能力形成之间的关系。传统的职业教育教学与评价理论认为职业院校的根本任务是让学生“储备”足够多的知识，以为日后工作中应用知识做准备。职业教育学生学业评价的主要任务也要评价学生记忆知识的数量和质量，从而促进学生的学习。现代认知心理学对这一观点进行了批判。现代认知心理学认为，职业教育需要传授知识，但更需要培养学生的职业能力，因为职业能力本质上是一种可以迁移的心理图式，当面对相似的或新的现实问题时，它可以使劳动者准确把握问题结构以及问题背后的原则和规律，从而顺利解决问题。因此，它能够使学生更好地适应真实的职业世界。现代认知科学进一步分析了知识学习与职业能力形成之间的关系：职业能力本质上是一种“任务胜任力”，它并非是知识的简单积累，它需要学生在完成工作任务的过程中对知识进行结构重组。学生学习大量的专业术语、职业概念等专业知识若是没有与具体的工作任务建立联系，那么学生就不能形成真实的职业能力。正如萨曲威尔所言：“专家的领域知识组织得越好，越能理解技术体系是如何运作的，所获得的问题解决能力也越强。”职业教育真实性评价坚持以工作任务为中心对学生的职业能力进行评价，从而使其在评价深度的理解与实践能力上有独特的优势。

（三）情境与建构主义：职业教育真实性评价的环境创设

职业教育学生学业评价不仅要关心职业能力的本质是什么，更要关心学生的职业能力是如何形成的，如何将学生从新手培养成为专家呢？现代情境与建构主义从学习论的角度对人类职业能力形成的规律进行了阐释。该理论认为，学生职业能力的养成不是从简单的知识和技能到复杂的知识和技能，而是从简单的心理图式或模型到复杂的心理图式或模型。学生从新手成长专家的转变正是这样的一个过程，学生需要在长期的学习和实践过程中，经历大量的领域性练习和问题解决而实现。情境与建构主义还强调特定情境在学生职业能力养成中的重要作用，认为职业能力的形成是“在真实的职业世界中，人与情境、人与人社会性互动的产物”，强调“情境、环境、社会性场景为学生职业能力的养成和发展提供足够的信息”。此外，情境与建构主义认为社会文化因素在学习者职业能力的养成中也发挥着关键作用。比如，专家在某个领域专长的形成，除了个体积极进行认知图式的组织和建构之外，还与其所处的社会群体有关。个体的学习方式在一定程度上也在与同伴的合作与交流中塑造成型。同理，学生的职业能力也需要在具体的情境与活动中才能得以展现，传统的评价方法由于缺乏与真实工作问题的联系，由此得到的测验分数对学生在未来职业生活中的表现很难有预测价值，也更难以促进学生职业能力的养成。而真实性评价十分强调情境的重要性，这也是职业教育真实性评价的重要旨趣。

（四）以质性整合量化：职业教育真实性评价的方法选择

在教育评价最初产生的20世纪初，自然科学占据着绝对统治地位，科学成为衡量一切的标准。教育评价为证明自身的“科学性”，十分强调评价的客观性，即评价要尽力排除主观因素的干扰，在评价内容方面只有选择可观察、可感知的知识与技能，并在评价过程中要防止个人的情感、兴趣、价值观等主观因素对评价结果和过程的影响，在评价结果方面注重量化和数字化。纸笔形式的标准化考核和职业技能鉴定考试在其本质上都是一种标准参照评价，即将学生书写的内容与标准答案进行比较，或者将学生的操作表现与标准化的操作规范进行比较，从而给学生评定成绩。其在思想根源上就是将学生看作是“物”，认为学生是知识的“存储器”或听从摆布的“机器人”。

20世纪末，随着现象学、解释学、存在主义理论的兴起，人们开始重新审视以自然科学方法论来研究教育问题的适当性。人文社会哲学首先从根本上否定了“人是机器”的假设，并肯定了人所独具的智慧、情感，特别是其主动性和能动性，强调对人的研究在自然状态下，在社会背景下，从不同的角度来认识和呈现人的本来面貌。人文社会哲学的研究对教育评价带来了深刻的启示，教育评价领域开始突破传统的单一的标准化评价对教育评价领域的垄断。真实性评价正是受这些思想的影响，更为鼓励学生的创新性表现和自我反思，注重收集关于学生表现的多样性的材料，在对结果的判断方面，真实性评价十分注重发挥评价专家的主观判断，希望评价专家借助自身的专业理论和实践经验对学生的表现进行较为公正、客观的评价，这本质上是一种质性评价的方式。当然真实性评价也并不排斥标准参照的量化评价，这是因为职业教育领域存在大量的标准、规范，是学生必须遵守的内容。因此，职业教育真实性评价在评价方法的选择上注重质性与量化的结合。

三、应用和设计职业教育真实性评价需要遵循的原则

（一）根据学生职业能力养成的阶梯性规律，开发不同难度的评价任务

职业教育学生职业能力的养成不是一蹴而就的，而是一个循序渐进的过程。因此，在设计真实性评价的时候，就必须紧扣学习目标，并根据处于某一教育发展水平的学生的实际情况来设计和制订。德国职业教育学家劳耐尔通过对某一专业领域新手和专家的职业能力差别的比较，分析和归纳了学生从新手成长为专家所需要经历的几个阶段：新手→有进步的初学者→内行的行动者→熟练的专业人员→专家。在学生职业能力发展的过程中，每个阶段的能力特征以及所需要的学习条件和评价条件都各不相同。

职业教育真实性评价的核心是评价任务的设计，评价任务旨在引发学生的表现，从而收集学生表现的证据，作为评价的依据。对于不同层次的学生来讲，只有设计不同难度的学习任务，才能使学生更好地展现自己的职业能力，具体学习任务如下：从新手到有进步的初学者，主要以职业定向性任务为主，评价任务的界定必须明确，应有可遵循的规则和标准，从而可以使学生进行批评性的检查对照；从有进步的初学者到内行的行动者，要设计系统性的评价任务，评价任务应该包括一些较小的专业问题及可供选择的解决方案，并使学生有机会独立开发各个子任务、制订计划并根据需要自行决策；从内行的行动者到熟练的专业人员，要设计一些具有特殊性的评价任务，任务应包含新的质量要求，与职业情境紧密联系，同时，任务完成的过程要更加系统化；从熟练的专业人员成为专家，要设计不可预见的评价任务，任务设计不应给学生提供具体的、完整的信息，任务应获得的具体成果及其特征应由学生自行阐述。

我们并非主张用真实性评价完全取代纸笔形式的标准化测验和技能考试，毕竟这些评价手段在考查学生对知识和技能掌握情况方面具有较大的优势。但是，职业院校需要根据学生职业能力的养成规律，科学设计以真实性评价为主导的评价体系，从而更好地发挥其在促进学生职业能力养成中的重要作用。正如英国评价专家斯廷金斯（Stiggins）指出，“把评价作为教学工具，就是促进学习的评价”。

（二）综合考量评价设计的多维性，确保评价的真实性

职业教育真实性评价最大的价值在于其真实性，在职业教育实践中设计和应用真实性评价需要从评价任务、任务环境、评分规则等多个方面考虑现实职业世界中的实际情况，评价的“真实性”未必一定是对真实的专业化实践的模拟，只要任务情境要求学习综合表现和展示自身能力，评价都可以被认为是真实的。设计某一具体的真实性评价项目，需从以下三个方面进行考量：①评价任务的真实性，所谓真实性的评价任务，是指任务的复杂程度、任务自主权以及在知识、技能和职业素养的整合方面类似于工作中的实践任务，任务要突出学生在完成过程中的主体性和责任感。真实性任务需要与学生现有的心理图式相连接，又要提供充分的问题空间，从而要求学生必须对其现有的图式再组织才能解决问题。②任务情境的真实性，真实性的任务情境一方面指完成任务所需的技术、设备、场所、可资利用的资源的数量和种类都要尽量模拟现实世界中的资源状态，另一方面指应充分考虑评价所需的社会情境，要使学生所面临的社会交互过程与现实情境具有高度的相似性。例如，若现实情境中完成任务需要协助，评价就应当涉及协作，若任务由个体独立完成，那么评价就以个体为单位来设计。③评价标准的真实性，评价标准是职业教育真实性评价不可或缺的重要组成部分。评价标准对不同内容的侧重，将导致被评价者关注点的不同，评价标准也可以作为学生进一步完成评价任务的指南。真实性评价的评价标准可以一般标准和优秀标准，一般标准指期望所有学生都能够达到的表现水平，优秀标准指学生在完成任务过程中的创造性表现。

（三）关注学生的动态性表现，注重全面性的证据收集与分析

美国著名教育测量与评价学家谢帕德（Shephard）认为，任何教育评价本质上都是一种“基于证据的推理”，是如何收集各种证据来支持我们所要做出的关于学生的推断的过程。因此，真实性评价也要求评价者在一定的情境中收集学生在完成真实任务过程中的各种证据，并根据证据做出关于学生职业能力养成状况的推断。职业教育真实性评价对学生职业能力的评价需要关注学生在任务完成过程中应用的分析、解释、评估、计划和自我监控等各种思维技能，以及学生在面临现实问题时能否灵活地提取和组织相关的陈述性知识、程序性知识、操作技能，形成合理的问题解决策略并顺利地完成目标。从真实性评价所关注的具体要素中可以看出，真实性评价不仅关注学生外显性的操作技能，同时要关注学生内隐性的思维技能，而内隐性的思维技能对学生的未来发展具有更为重要的意义。

学生的操作技能具有外显性、客观性的特征，而学生内隐性的思维技能具有情境性、主观性等特征。因此，职业教育真实性评价在评价标准方面必然具有清晰性和模糊性两方面的特征。一方面，学生在任务完成过程中运用的操作技能具有现实性的操作规范，可以基于客观标准进行评价；另一方面，对学生内隐性的思维技能的评价必然要通过学生的在计划制订、过程控制、自我反思等方面的表现来进行证据分析和推论，而这些推论必然是模糊的。它要求评价者充分运用自己的专业知识和实践经验对这种模糊性进行解读，并结合学生的操作技能表现综合性地对学生的职业能力进行判断。这也就要求评价者必须是被评价专业领域的专家。同时，为提高评价的信度和效度，真实性评价还必须是一种动态性的评价，这种动态性主要体现在两个方面：一是跨越多个时间点对学生的进步与改变进行观察和评价，从而动态地了解学生的认知历程和思维技能的发展情况；二是在具体的评价实施中不仅要对学生最终完成的结果进行评价，同时，还要关注学生在任务完成过程中的实际表现。

总之，真实性评价是我国职业教育学生学业评价未来的发展方向，是提升职业教育办学质量的重要抓手。在实践中，人们已经在积极尝试真实性评价。但是，真实性评价要得到科学的运用就必须在理论与实践的互动中，加强对其理论基础和应用规范的研究。

参考文献

[1] 李桂荣 . 改革开放 30 年中国教育经济学发展历程回眸 [J]. 教育与经济，2009(4).

[2] 孙琳 .21 世纪我国职业教育发展的政策取向 [J]. 职教论坛，2004(4).

[3] 李术蕊 . 改革开放以来我国职业教育科研发展的特点研究：以“六五”至“十一五”全国教育科学规划职业技术教育学科课题为对象 [J]. 中国职业技术教育，2012(21).

[4] 肖非，冯超 . 建设有中国特色特殊教育学科之思考 [J]. 现代特殊教育，2017(12).

[5] 吴全华 .《国家中长期教育改革和发展规划纲要（2010—2020 年）》实施中需关注的几个问题 [J]. 教育发展研究，2011(17).

[6] 张榕明 . 加快发展现代职业教育助推新型城镇化建设 [J]. 职业技术教育，2014(25)：5-7.

[7] 张健 . 职业教育的凝思与创新 [M]. 北京：人民日报出版社，2015.

[8] 蒋旋新 . 中国特色现代职业教育体系创新概念和创新思路 [J]. 教育与职业，2012(12).

[9] 孙小进 . 高等职业教育专业设置与区域产业结构的适应性研究 [J]. 教育现代化，2019，6(50)：261-262.

[10] 彭三平 . 职业教育与区域经济协调发展的研究：以重庆市永川区为例 [J]. 西部素质教育，2018，4(23)：213.

[11] 赵毓婷 . 职业教育与区域经济联动发展的路径探索：评《区域经济与职业教育发展研究》[J]. 高教探索，2018(12)：139.

[12] 杨邦秀 . 我国职业教育发展中的问题及对策分析 [J]. 课程教育研究，2018(27)：15.

[13] 张翼 . 多元办学体制的建构与教育公平的推进 [J]. 教育与经济，2004(2)：37-39.